ŒUVRES

DE

SAINT-SIMON & D'ENFANTIN

PUBLIÉES PAR LES MEMBRES DU CONSEIL

INSTITUÉ PAR ENFANTIN

POUR L'EXÉCUTION DE SES DERNIÈRES VOLONTÉS

ET

PRÉCÉDÉES DE DEUX

NOTICES HISTORIQUES

TROISIÈME VOLUME

PARIS

E. DENTU, ÉDITEUR

LIBRAIRE DE LA SOCIÉTÉ DES GENS DE LETTRES

PALAIS-ROYAL, 17 ET 19, GALERIE D'ORLÉANS

1865

ŒUVRES

DE

SAINT-SIMON & D'ENFANTIN

III

Imprimerie L. TOINON et Cᵉ, à Saint-Germain.

ŒUVRES

DE

SAINT-SIMON & D'ENFANTIN

PUBLIÉES PAR LES MEMBRES DU CONSEIL

INSTITUÉ PAR ENFANTIN

POUR L'EXÉCUTION DE SES DERNIÈRES VOLONTÉS

ET

PRÉCÉDÉES DE DEUX

NOTICES HISTORIQUES

TROISIÈME VOLUME

PARIS

E. DENTU, ÉDITEUR

LIBRAIRE DE LA SOCIÉTÉ DES GENS DE LETTRES

PALAIS-ROYAL, 17 ET 19, GALERIE D'ORLÉANS

1865

NOTICES
HISTORIQUES

II

ENFANTIN

(SUITE)

VII

(1830)

(Août - octobre.)

La publication de *l'Organisateur* avait commencé, en août 1829, sous le coup des menaces du parti rétrograde, devenu maître du gouvernement de la France, en la personne du prince de Polignac, le guide aveugle et téméraire de son malheureux roi; et, dès son premier numéro, le journal du saint-simonisme avait exprimé l'assurance que ce dernier effort de l'ancien régime aboutirait à une nouvelle révolution. Un an ne s'était pas écoulé que cette confiance était justifiée par les événements, et que *l'Organisateur*, prenant part aux débats politiques, avait pu proclamer, au nom de Saint-Simon, que tous les priviléges de la naissance seraient abolis sans exception, pour que chacun fût classé selon sa capacité et rétribué selon ses œuvres.

Nous avons vu que cette intervention des saint-simoniens dans les faits et les discussions politiques avait provoqué l'improbation de quelques disciples et notamment celle de Rességuier. Voici la réponse de Bazard au chef de l'église saint-simonienne du Midi :

« Mon cher fils, vous n'avez rien compris aux démarches que nous avons faites pendant les fameuses journées de Juillet, et cela ne nous étonne pas, car nous ne vous avons pas mis encore à même d'en apprécier la valeur. Mais ce qui m'étonne, c'est l'assurance avec laquelle vous prononcez que ces démarches étaient imprudentes, dangereuses, et de nature à compromettre gravement la doctrine, si la divine providence ne s'en fût mêlée, et, d'un coup de baguette magique, n'eût heureusement réparé toutes nos sottises. Ce qui m'étonne enfin, mon cher fils, c'est que vous, qui n'avez rien pu voir, rien pu sentir de ce que nous avons vu et de ce que nous avons senti; qui ne vous êtes point trouvé au milieu d'une épouvantable scène de carnage, entouré de nombreux enfants vous demandant avec anxiété ce qu'ils allaient faire de leurs cœurs, de leurs têtes et de leurs bras, vous n'ayez point un seul instant hésité à taxer de folie la conduite que nous avons tenue, et à vous donner ainsi un brevet de sagesse à nos dépens. Vainement terminez-vous vos censures en disant que notre action était *grande* et *généreuse;* ce n'est là que de l'eau bénite de cour, donnée par un courtisan républicain. Mais je viens de lire la lettre que vous écrit votre sœur, et je m'en remets sur ce point à ses remontrances fraternelles. Peut-être trouverez-vous que son respect pour l'autorité saint-simonienne, sans être exagérée, porte un peu trop l'empreinte du passé; soit, mais lorsque vous vous faisiez à notre égard protestant et républicain, il était tout simple que, par réaction, elle redevînt un tant soit peu catholique et royaliste. Du reste, la leçon est fort bonne, elle s'applique à merveille à votre mal, et nous espérons que ce nouvel élan de la souveraineté de votre *raison* sera le dernier, au moins jusqu'à ce que vous soyez devenu pape.

» Mais nous ne sommes ni des supérieurs de capucins, ni des colonels prussiens, et si nous n'avons pas, dans le sens démocratique du mot, *à vous rendre compte de nos actes*, nous avons pourtant l'obligation très-réelle, et cela même sous peine de déchéance, de vous les faire aimer et comprendre, ce qui, comme vous le savez, distingue éminemment l'autorité nouvelle de l'autorité ancienne : je vais donc essayer de vous faire sentir la convenance des démarches qui vous ont *glacé de crainte*. — A la distance où vous êtes de nous, il vous faudra bien sans doute consentir à combler par la *foi* les lacunes que devra présenter la justification que nous entreprenons de vous donner ; mais le moyen, dans ce monde, même pour les plus superbes, de se passer d'un peu de foi !

» Le mouvement populaire dont nous venions d'être les témoins avait été si spontané, il s'était produit avec tant d'intensité, et avait eu un caractère si différent de celui qu'on aurait pu prévoir, que nous, qui savions fort bien qu'il y avait quelque chose pour l'humanité au delà des sentiments, des idées et des intérêts de la révolution, nous devions regarder comme POSSIBLE, sinon comme *probable*, que ce mouvement n'eût pas seulement pour cause le vieux ferment révolutionnaire, mais qu'il fût encore déterminé en partie par quelque instinct d'avenir, par quelques vagues pressentiments des *nouveaux droits de l'homme;* dans ce cas, il était évident qu'il devait se continuer et que nous seuls étions capables de le diriger; mais il fallait avant tout sortir de la confusion qui venait de suivre immédiatement la victoire, faire dominer toutes les voix discordantes qui s'élevaient alors, par la voix puissante du peuple, et pour cela lui donner un mot de ralliement et un chef. Or ni nos doctrines ni nos personnes n'étaient encore assez connues pour fournir ce mot de ralliement et ce chef; il devenait donc nécessaire, MOMENTANÉMENT, d'emprunter l'un et l'autre à la révolution. — Le mot de ralliement qui eût été destiné à nous donner du temps eût été, *que c'était à la nation à se donner un gouvernement; qu'il fallait convoquer les assemblées primaires, pour leur faire nommer une assemblée constituante qui déciderait du sort de la* **France**; *mais que jusqu'à ce que cette grande représentation nationale fût installée, il fallait rester soumis au pouvoir insurrectionnel.* — Or ce pouvoir alors pouvait être facilement concentré dans les mains de M. de Lafayette, qui déjà, aux yeux du public, en était seul en possession. Grâce à cet état provisoire, mais régulier pourtant, que nous établissions, nous avions le temps de parler au peuple, de lui faire connaître nos personnes et nos doctrines, de dégager en lui les sentiments d'*avenir* que nous y aurions reconnus, et de lui faire dire de nous : Voilà ceux qui nous aiment, qui nous comprennent et que nous voulons suivre [1].

» Direz-vous qu'une communication de cette

1. « Les explications que Bazard donne à Rességuier de cette démarche sont précisément les raisons au moyen desquelles je parvins à le déterminer.

» Transon et Jules partirent en avant pour l'hôtel de ville.

» Bazard avait demandé un rendez-vous à Lafayette qui lui avait indiqué la nuit, à l'heure qu'il voudrait; il partit vers deux heures avec Michel Chevalier; et ils revinrent au jour.

» Dans la lettre que Bazard avait écrite à Lafayette, il lui rappelait très-affectueusement que déjà, dans une circonstance grave pour lui, Lafayette, il avait eu l'occasion de lui rendre service, et il lui présentait la position actuelle comme beaucoup plus grave encore, lui demandant un entretien pour s'assurer s'il ne pourrait pas encore une fois lui être de quelque utilité.

» Lafayette le reçut très-bien, et lui dit de suite qu'en effet la position était très-difficile; Bazard lui parla au bout de quelques instants de la *dictature*, comme seul moyen de mettre, au moins momentanément, un peu d'ordre dans ce gâchis; mais l'immuable *américain* était complétement sourd de cette oreille, et Bazard vit assez promptement, non-seulement dans Lafayette lui-même, mais dans tout son entourage, l'impossibilité de rien faire avec des hommes aussi étrangers à la conduite des masses, à la politique. Lafayette avait hâte d'en finir, ses premiers mots à Bazard avaient même été : Ma foi, si vous m'aidez à me tirer de là, vous me rendrez un grand service. »

(*Note d'Enfantin.* — Sainte-Pélagie, 5 janvier 1833).

nature ne saurait s'établir d'une manière aussi rapide?

» Dans un temps de calme plat comme celui que nous venons de traverser, dans un salon, à la promenade, à table, vous avez raison; mais en temps de révolution, sur la place publique, lorsque toutes les puissances de la vie sont en action, lorsque chacun cherche à quoi se prendre, c'est toute autre chose. Alors on fait vite connaissance. Au surplus, mon cher fils, ne perdez pas de vue un seul moment, je vous prie, que nous ne voulions rien faire de tout cela, qu'autant que nous aurions reconnu, ce que nous regardions seulement comme *possible*, qu'il y avait dans l'émotion du peuple autre chose que le pur sentiment de la révolution de 1789.

» Nous avons donc été trouver le chef sur lequel nous avions jeté les yeux, ou plutôt qui s'offrait à nos yeux, et nous avons reconnu, ce dont à l'avance d'ailleurs nous étions à peu près certains, que nous ne pourrions rien obtenir de lui, même en lui demandant ce que sa carrière républicaine semblait lui prescrire impérieusement. En même temps nous parcourions la ville, nous pénétrions dans les *clubs*, et nous nous assurions, même au milieu d'une agitation prononcée et qui suffisait pour faire trembler toute la bourgeoisie, que cette fois encore, et momentanément au moins, le peuple se contenterait de belles paroles et de belles parades libérales. Alors nous sommes rentrés dans le sanctuaire saint-simonien, que nous n'avions ni renié ni abandonné un seul instant, mais que seulement nous avions cru *possible* d'ouvrir à tout le monde; et là ne vous imaginez pas que nous nous soyons croisé les bras pour voir passer le libéralisme victorieux : nous avons écrit, nous avons parlé, nous avons agi plus que jamais, et plus que jamais aussi nous avons vu le public s'émouvoir autour de nous, si bien que nous n'avons jamais eu plus d'importance qu'au moment où je vous écris.

» Pour vous, en présence des libéraux vous vous êtes dit : Ces gens-là font tant de bruit et parlent si haut que nous ne nous ferions point entendre, et vous vous êtes tu. Je conviens que de cette manière vous n'étiez point exposé à vous égarer, et par conséquent à troubler dans son repos la divine Providence, en l'obligeant à venir vous remettre dans le droit chemin ; mais aussi vous renonciez à vivre, ce qui, vous en conviendrez, a bien son désagrément. Croyez-m'en, mon cher fils, la doctrine a parlé, elle ne doit plus se taire, mais au contraire toujours parler de plus en plus. Quoi qu'il puisse arriver aujourd'hui, guerre, révolution, peste, famine, c'est d'elle qu'il s'agit et c'est à elle surtout à se montrer. Sortez donc de votre repos. Les libéraux crient, eh bien, chantez, et toutes les oreilles harmoniques viendront à vous.

» D'après la proposition que vous nous en avez faite, nous avons élevé au deuxième degré Galtier et Borrel le médecin ; installez ces deux chers fils dans leur nouvelle dignité et donnez-leur pour nous le baiser paternel.

» Enfin voici le volume que vous attendiez avec tant d'impatience ; nous venons de vous en expédier une caisse ; lorsque les exemplaires qu'elle contient seront placés, nous vous en enverrons d'autres. Il est fort important pour nous d'écouler promptement cette édition, soit dans l'intérêt de la propagation de la doctrine, soit pour faire de l'argent, qui devra être employé d'abord à payer les frais d'impression qui sont très-élevés, attendu les nombreux remaniements qui y ont été faits. Mettez donc, vous et les vôtres, tous vos soins à répandre ce volume, sans oublier pourtant que nous ne devons le donner qu'à des gens qui le liront ou qui le feront lire.

» Marquier et Bart sont à Paris depuis plusieurs jours, tous les deux sous-préfets. Nous voyons souvent Marquier, et si quelquefois nous sommes affligés de sa mélancolie, nous n'avons qu'à nous louer de l'affection qu'il nous témoigne. — Il n'en est pas de même de Bart; depuis dix jours qu'il est à Paris, nous ne l'avons vu que deux fois. Il faut que sa sous-préfecture lui ait tourné la tête, ou bien que son éducation saint-simonienne soit bien moins avancée que nous ne l'avions cru.

» Nous, mon cher fils, nous vous embrassons bien tendrement, vous et tous vos enfants. Apprenez-nous vite que vous vous êtes remis à l'œuvre.

» Vous seriez curieux, dites-vous, de connaître ma conversation avec Lafayette. Je vous ferai passer quelque jour ce petit dialogue, mais, pour cela, il faut que vous méritiez une récréation.

» BAZARD. »

Ainsi, les chefs du saint-simonisme, tout en maintenant à leur apostolat son caractère primitif et religieux, se montraient également convaincus de l'opportunité d'intervenir dans le mouvement politique du jour, pour populariser leur doctrine. Ils ne devaient pas négliger en effet de saisir une si belle occasion de rappeler aux partis militants et aux masses impartiales que les sanglants conflits de l'ancien régime et de la révolution se répéteraient aussi longtemps que l'ancien régime s'obstinerait à proposer ses moyens d'ordre, désormais impraticables, et que la révolution, non satisfaite dans ses aspirations légitimes, persisterait à leur donner une forme, une signification, une portée purement négative.

Le soin de signaler et de conjurer le retour périodique de ces luttes cruelles, aux yeux des saint-simoniens, ne pouvait être réservé ni aux successeurs de Mirabeau, ni à ceux de Maury, ni aux disciples de Voltaire, ni aux élèves de Loyola, ni aux sensualistes de Tracy, ni aux éclectiques de Royer-Collard, qui, depuis quarante ans, s'arrachant tour à tour, prenant, perdant et reprenant le sceptre de la politique ou la prépotence en philosophie, à travers les débris de tant de gouvernements et d'écoles, n'avaient rien fait, rien découvert pour fermer autrement que par de vaines paroles l'abîme des révolutions, pour remplacer ce qui était détruit sans retour par un ordre nouveau, par un état normal, approprié aux lumières, aux besoins, aux inspirations de la civilisation moderne.

Les disciples de Saint-Simon, fiers de posséder une doctrine organique au milieu des ruines des vieilles croyances, et en présence des incertitudes, des embarras, des tiraillements et de l'impuissance du libéralisme victorieux, se croyaient autorisés à dire, comme leur maître, que *la poire était mûre* pour eux, et à proclamer qu'ils étaient seuls dépositaires de *la pensée qui doit sauver le genre humain*. C'est ce qu'ils dirent et proclamèrent, en effet, à leur tribune qu'ils appelaient aussi leur chaire, dans un discours prononcé, le dimanche 22 août 1830, à l'hôtel de la rue de Monsigny :

« *Nous sommes les hommes de l'avenir!* s'écria l'orateur, car, de tous ceux qui ont parlé avant nous ou à côté de nous, philosophes, publicistes, législateurs, nous sommes les seuls qui ayons étudié le passé, non pour en tirer de pâles, de serviles, d'impuissantes imitations, mais seulement une justification rationnelle de l'ordre *nouveau*, *entièrement nouveau*, que nos inspirations philanthropiques et nos sympathies religieuses nous révélaient.

» *Nous sommes les hommes de l'avenir!* Car nous sommes les seuls qui n'ayons pas borné nos efforts à remuer la poussière de l'antiquité et du moyen âge, pour en extraire des lambeaux de monarchie ou de république, et les rajuster péniblement ensuite à l'usage du XIXe siècle et des siècles à venir; car, lorsque les préjugés nationaux, si vivement ébranlés par les derniers événements, dominent pourtant encore tant d'esprits généreux, nous sommes les seuls qui donnions à l'élément moral de l'humanité le développement complet qu'il doit obtenir par l'ASSOCIATION UNIVERSELLE.

» *Nous sommes les hommes de l'avenir!* Car, sous une loi politique qui perpétue les priviléges de la naissance, qui consacre deux noblesses militaires, qui laisse la moitié de l'individu social sous le poids des traditions de la barbarie; et en présence d'une religion délaissée, qui flétrit la femme dans la *chair*, qui réprouve l'industrie dans la matière, qui dédaigne les investigations de la science, étrangère au domaine *de l'esprit pur*, nous sommes les seuls qui, faisant rentrer toutes les existences finies dans le sein de l'Être infini, ayons ramené à l'unité les divers aspects de l'activité humaine, réhabilité le travail dans toutes ses directions, sanctifié les découvertes scientifiques et les conquêtes industrielles, pour les faire concourir toutes à la gloire de Dieu et au bonheur des hommes; nous sommes les seuls qui ayons signalé le règne prochain des capacités pacifiques, proclamé le classement et la rétribution suivant les mérites, comme le dernier terme de l'affranchissement des classes les plus nombreuses, et annoncé à nos mères, à nos épouses, à nos sœurs, à nos filles, si longtemps nos esclaves et nos sujettes, qu'elles allaient devenir, qu'elles devenaient enfin nos égales, nos associées.

» *Nous sommes les hommes de l'avenir!* Car, au milieu de l'incertitude, de l'anxiété et de la confusion générale, quand les hommes de toutes les nuances vivent au jour le jour, nous sommes les seuls qui ne sentions pas trembler le sol sous nos pieds, qui marchions d'un pas ferme à un but déterminé, qui soyons sûrs de notre lendemain, d'un lendemain qui nous lie par une chaîne non interrompue aux générations les plus lointaines. *Nous sommes les hommes de l'avenir!* C'est ce qu'atteste tout ce qui se passe parmi nous et hors de nous; c'est ce que démontre invinciblement tout ce qui a été fait, dit ou écrit depuis trente ans. »

Après avoir, dans un examen rapide, retracé la marche du triple mouvement politique, religieux et philosophique qui s'était manifesté à la suite de la révolution française, et qui n'avait rien produit de fécond et de durable, quoiqu'il eût fait entrer en lice de grands esprits, de grands talents et même des hommes de génie, le prédicateur arrivait à peindre en quelques mots le laborieux lendemain des jours glorieux de juillet, pour justifier ce que le saint-simonisme n'avait cessé d'affirmer sur la vanité et l'insuffisance des négations libérales.

« Plus que jamais, disait-il, on parle de *liberté* et de *paix*, et plus que jamais on ignore ce qui peut fonder l'une et l'autre, et plus que jamais le libéralisme éprouve au milieu de ses succès le vide et l'impuissance organique de ses doctrines. *Douter*, *soupçonner*, *craindre*, *accuser*, *gémir*, c'est à peu près tout ce qu'il sait faire, depuis qu'il a remporté la plus mémorable des victoires.

» Et que sont devenus tous ces hommes de renom, qui se chargèrent successivement des destinées de la France, durant l'ère qui vient de finir? Ils ont terminé leur existence publique, sans laisser de postérité politique; ils sont morts tout entiers, sans léguer au monde une idée assez féconde pour produire quelque chose après eux, sans avoir pu former un disciple qui voulût se dire leur continuateur. Et ce que je dis des célébrités du pouvoir s'applique aux célébrités de l'opposition : partout même succès passager, partout même isolement, partout même éclat solitaire. Il n'y a pas jusqu'aux *deux cent vingt et un*, dont l'ovation pourtant est si récente, qui ne soient déjà menacés de l'oubli qui a dévoré tant d'immortels depuis trente ans. Que dis-je? ils se sont trouvés débordés le jour même où le peuple se levait pour les défendre; et leurs apologistes d'hier sont aujourd'hui leurs plus véhéments accusateurs [1]. »

A cette fragilité commune des célébrités conservatrices et révolutionnaires, à cette stérilité réciproque et fatale, à cette caducité flagrante des gardiens du vieux temple et des modernes démolisseurs, le prédicateur opposait, en terminant, le tableau du mouvement progressif de son école .

« Voyez grandir, disait-il, cette famille saint-

1. M. Augustin Périer, frère aîné de Casimir Périer, et l'un des membres les plus influents de la majorité parlementaire, assistait à cette prédication. A l'issue de la séance, il causa avec les chefs de la doctrine. Ce que le prédicateur avait dit de l'immortalité de vingt-quatre heures dont avaient joui tant de personnages depuis quinze ans jusques et y compris les 221, n'avait provoqué de sa part qu'un sourire approbatif. Il aborda tout de suite la question capitale de la substitution de l'héritage selon la vocation à l'héritage selon la naissance. Il demanda comment cette substitution pourrait se faire paisiblement, sans injustice et sans spoliation? « Par voie de conviction et de spontanéité religieuse chez les fidèles, répondit Bazard, et par le *grand livre* pour les retardataires. N'y avez-vous pas déjà inscrit de grands propriétaires? »

simonienne dont le chef fut si méconnu. Ses premiers membres s'exposent aussi aux sarcasmes et à la haine; mais soutenus par la puissance de leur conviction, mais intimement persuadés qu'ils marchent à la tête de l'humanité, ils ne se rebutent de rien, et, en quelques années, la SOCIÉTÉ DE L'AVENIR existe; la hiérarchie est fondée. Dans une société d'égoïsme, d'amour-propre, d'indépendance absolue, des hommes, habitués à l'insurbordination, se sont trouvés, qui ont accepté avec joie une autorité qui les plaçait autrement que dans le monde, qui leur donnait pour supérieurs ceux que, dans le monde, ils auraient regardé comme leurs inférieurs. Gloire à notre Maître! Nous avons dit à son premier disciple, nous avons répété à ses successeurs: Vos sentiments sont nos sentiments, vos idées sont nos idées, vos actes sont nos actes; et chaque jour nous voyons venir à nous de nouveaux fils, qui s'attachent irrévocablement à nous par la profession solennelle de la même concordance; et chaque jour ces fils chéris obtiennent eux-mêmes des fils, qui se lient avec enthousiasme par la même sympathie.

» Et l'on nous demanderait encore où sont *les hommes de l'avenir!* Vous êtes donc de ceux dont parle le Psalmiste? Vous avez des yeux pour ne pas voir, des oreilles pour ne pas entendre? Que vous ai-je dit? que vous ai-je montré? Parmi nous, tout est en progrès depuis Saint-Simon; hors de nous, tout est en décadence. »

Enfantin, l'inspirateur le plus enthousiaste et le plus hardi de cette confiance, ne manquait pas de la manifester, de la répandre, dans ses entretiens et dans ses écrits, avec une netteté et une audace toujours croissantes : sa correspondance en rendra de plus en plus témoignage. A la fin de ce même mois d'août, marqué par tant d'événements, il écrivait à Hoart, capitaine d'artillerie à Toulouse, et mis en relation avec la doctrine par Carnot :

« Vous êtes le chef de l'église de Toulouse, et sous la direction immédiate de celle de Sorrèze, au même rang que celle de Montpellier; le Midi est à nous.

» Vous devrez, pendant quelques mois encore, consacrer vos efforts à l'exposition rationnelle de la doctrine, au développement des travaux publiés par elle, et surtout à l'*enseignement* du volume que vous allez recevoir ; mais dès à présent, votre but doit être de jeter principalement les yeux sur les hommes qui bientôt pourront *prêcher* sous votre direction la parole d'avenir. Paris vous a donné l'exemple; nos très-chers fils Barrault, Transon, Laurent ont déjà montré au monde que nous venons régénérer la puissance de cette doctrine, qui, naissant à peine, n'a rien à envier aux prédicateurs chrétiens et aux orateurs profanes. Le jour approche où, sortant de l'étroite enceinte de notre temple actuel, nous appellerons le peuple à nous entendre; alors il faudra que nos fils soient prêts à répéter, sur tous les points où par eux la voix de Saint-Simon s'est déjà fait connaître, les accents qu'aura entendus la métropole. Dès ce moment, cher fils, notre rôle politique commencera, nous ne serons plus une association philosophique ou scientifique, nous ne serons plus même une association religieuse, nous serons les guides de l'humanité, car aucun fait social de quelque importance ne pourra se produire que nous ne l'ayons prédit, et par conséquent provoqué. Les enfants de Saint-Simon, après avoir assez longtemps prouvé qu'ils étaient maîtres du passé, se montreront aussi les maîtres de l'avenir.

» C'est donc l'avenir surtout qu'il faut dévoiler maintenant, qu'il faut faire révérer, aimer, et c'est surtout aux hommes *actifs* qu'il faut vous adresser, tandis que jusqu'ici c'est sur les hommes *studieux*, *réfléchis*, *instruits*, c'est sur les *savants*, les *ob-*

servateurs du *passé*, les hommes *passifs* que notre parole agissait : c'est donc par L'INDUSTRIE surtout, c'est par le tableau de la constitution future de la *propriété* et de l'organisation du travail *industriel*, c'est par la transformation de l'*héritage*, par la *rétribution selon les œuvres*, par l'*intérêt*, que nous devons procéder, après avoir parlé aux hommes dévoués.

» L'*Organisateur* vous guidera. La politique va y jouer chaque jour un rôle plus important, et, dans la politique, ce sera plus encore le développement de l'ordre social futur que la critique de la critique que nous devrons avoir en vue, sinon dans les premiers numéros, du moins pour l'avenir.

» Vos réunions ont sans doute repris leur activité; les derniers événements politiques, que l'on aurait pu croire d'abord de nature à distraire, pendant quelque temps, de la doctrine, sont au contraire de puissants motifs pour vous faire trouver des auditeurs curieux de connaître les prévisions de la doctrine, car tout le monde est frappé de l'imprévoyance qui règne généralement.

» Marquier et Bart nous disent que vous quitterez probablement bientôt Toulouse ; c'est un excitant de plus pour vous, car il faut nécessairement que vous laissiez après vous la doctrine en mains capables de la répandre comme vous l'avez fait. — Le commandant Hennoque, nous dit-on, marche bien; Vacquier est sans doute complétement à nous; Marquier va se trouver très-rapproché d'eux ; vous pourrez donc, missionnaires de la foi nouvelle, fonder ailleurs une autre église; c'est pour cela seulement que vous êtes officier d'artillerie.

» Barrault a fait l'ouverture d'une nouvelle salle, rue Taitbout; c'était plein : près de cent femmes et quatre à cinq cents hommes. Il a été un peu faible en commençant, mais le *crescendo* marchait, et sa fin a été sublime. Il prêchera encore probablement dimanche ; le père Laurent prépare une prédication sur la politique européenne, qui ne sera probablement prête que pour l'autre dimanche; Transon commence à se dérouiller. Le bruit que fait la doctrine est prodigieux, on en parle partout.

» Je vous promettais, dans ma dernière lettre, le *Globe* à deux mois; lisez l'article d'aujourd'hui sur la peine de mort, celui de demain sur Ballanche, dans quelques jours un sur Saint-Simon, et vous me direz si cela va bien. Lherminier entrera définitivement, cette semaine, dans la doctrine; il y entraînera en peu de jours Leroux qui est tout prêt.

» Il y a quelques jours, Lherminier et Jules Lechevalier ont abîmé V...., qui, sans les connaître comme saint-simoniens, avait, dans un dîner avec un philosophe allemand (Gantz), professé l'horreur du saint-simonisme. Ils l'ont écrasé. La victoire n'est pas grande, mais elle était bonne et pour Lherminier et pour Gantz, l'Allemand, et pour un écho qui était là (Buchon), qui va colporter cela partout. Le *Précurseur de Lyon* a parlé de nous d'une manière convenable; nos petits journaux s'amusent à nos dépens et nous font tout le bien qu'ils peuvent nous faire.—Huit cents volumes sont vendus. — La seconde édition va se faire. Le second volume sera prêt, j'espère, pour notre jour de l'an. Nos soirées du lundi et du vendredi sont belles, et des enseignements particuliers vont avoir lieu au quartier latin et à la Chaussée-d'Antin. L'un sera fait par Lherminier, l'autre par Baud qui va bien; il s'essaye, ce soir, à la prédication, au troisième degré; j'espère que Lherminier [1] ne tardera pas

1. Lherminier fut admis au deuxième degré, avec Ribes, professeur à l'école de médecine de Montpellier. Le jour de leur admission, les deux récipiendaires dînèrent ensemble chez le restaurateur Desmares, avec deux membres du collége, Margerin et Laurent. Pendant le dîner, Lherminier ne cessa pas de

non plus à être digne de monter en chaire; il sera bon. »

La correspondance d'Enfantin avec ses disciples marchait toujours de front avec celle qu'il entretenait avec sa famille. Dans toutes les deux, c'était la doctrine, la bonne nouvelle dont il était heureux et fier d'être le suprême propagateur, qui faisait avant tout l'objet de ses préoccupations. Le 21 septembre, il écrivait à son père, à Bruxelles :

« Tu demandes toujours si des hommes marquants viennent se ranger sous les ordres des disciples de Saint-Simon; tu oublies que ce ne sont pas des hommes *marquants* qui ont été les premiers généraux de Napoléon, les aides de camp de Voltaire, les missionnaires de Luther, ni les disciples du Christ. Tous ces hommes sont *devenus* mar-

manifester sa foi dans les termes les plus chaleureux et les plus emphatiques, en serrant continuellement la main à Margerin. Ribes, calme jusqu'à paraître froid en présence de cette effusion ardente, se contenta de dire tout bas à Laurent : « Je ne fais pas de démonstration, mais je vous réponds, moi, que ma conversion ne sera pas un feu de paille. »

Ribes a tenu parole. Il est mort depuis quelques années, après avoir exercé à Montpellier les fonctions de doyen de la Faculté, et sans avoir renié un seul instant les idées saint-simoniennes qu'il avait professées jusque dans son cours et ses écrits scientifiques.

quants, comme chrétiens, comme protestants, comme philosophes ou comme militaires; mais avant que Napoléon, Voltaire, Luther et Jésus aient soufflé sur eux, ils étaient inconnus. Les nôtres *seront* marquants, parce que, jeunes, ils ne peuvent pas encore *l'avoir été;* et cependant, parmi eux, nous comptons des *premiers* élèves de plusieurs générations successives de l'École polytechnique; Transon, Chevalier, Cazeaux, Fournel, Reynaud, Margerin, sont tous passés par les mines, et il n'y avait que les plus forts qui prissent cette route. Rodrigue, tu le sais, a été l'un des plus brillants élèves de l'Université de Paris; Laurent était professeur de philosophie, Barrault, professeur de littérature; plusieurs de nos fils, qui sont jeunes médecins, jouissent parmi leurs confrères (je parle des jeunes) d'une réputation solide. Enfin, sous tous les rapports, on ne peut pas dire de nous ce qu'on a dit des disciples du Christ, que nous sommes des pêcheurs ignorants, grossiers, misérables; pourquoi ne ferions-nous pas autant que ces pêcheurs? — Puisque tu lis les journaux au cercle, tu auras vu le *Globe,* il y a quelques jours (le 17 de ce mois); il y a un article sur nous directement, et un autre article dans le corps du journal, sur l'ordre légal, où nous sommes clairement signalés. Avant lui la *Gazette de France* a fait un long article sur nous.

» Depuis quelques jours les *Débats* nous couchent souvent en joue. Le *Correspondant* nous maltraite aujourd'hui. La *Révolution* nous prend de temps à autre quelques idées [1].

» D'un autre côté, nos appartements, rue Monsigny, au premier, sont *pleins* quatre fois par semaine; nous cherchons en ce moment un lieu où puissent tenir mille personnes. Depuis la publication du volume, plus de six cents exemplaires ont été vendus. Le Midi seul nous en a pris deux cents. Toulouse, Castelnaudary et Castres ont des enseignements réguliers, ainsi que Metz et Montpellier. Depuis le commencement de la nouvelle année de l'*Organisateur*, nous avons soixante à quatre-vingts abonnés de plus, quinze par numéro. —Outre notre 3e degré (car nous avons 1er, 2e et 3e degrés) nous formons un noyau de catéchumènes qui s'accroît chaque jour. Enfin, tous les jours nous nous voyons mieux compris par ceux qui nous aiment, plus attaqués par ceux qui nous craignent parce qu'ils ne nous comprennent point, et nous

1. M. James Fazy, de Genève, écrivait dans la *Révolution*. Il avait eu quelques relations avec Enfantin à l'époque du *Producteur*.

marchons avec une rapidité qui nous paraît, à nous-mêmes, extraordinaire.

» Les articles du dernier *Organisateur* sont, le premier, de Laurent, les deux derniers, de d'Eichtal; je ne me rappelle pas en ce moment s'il y en a quatre. Tu ne verras pas souvent ma plume. Le gouvernement de notre petite société m'occupe trop maintenant pour que j'aie beaucoup le temps d'écrire, sinon pour des événements qui intéresseraient directement et politiquement la doctrine, comme je l'ai fait, dans le dernier numéro de l'*Organisateur*, pour les événements de juillet. »

Cette lettre, écrite le 21 septembre à Paris, ne parvint que le 27 à Bruxelles. Dans l'intervalle, la révolution belge avait éclaté, et les relations entre les deux capitales s'étaient trouvées interrompues. Barthélemy Enfantin avait bien voulu tenir son fils au courant, jour par jour, de ce qui se passait en Belgique; mais ses lettres, également arrêtées, tant que dura la guerre civile, n'arrivèrent à leur destination qu'à la fin du mois, après le triomphe de l'insurrection et l'établissement d'un gouvernement provisoire.

Dans sa dernière lettre, Enfantin avait dit à son père qu'il était empêché d'écrire dans l'*Organisateur* par les soucis du *gouvernement de sa petite société*. Sa mère souffrait beaucoup de cette absorption. Il lui semblait que son fils n'aimait plus que les choses et les personnes de la doctrine, et elle le lui reprocha directement, en termes si amers, qu'il se plaignit, dans un billet, à mademoiselle de Saint-Hilaire, de la dureté de la lettre de sa mère : « Maman, lui dit-il, a lancé l'anathème contre la doctrine, il faut que je la fasse un peu revenir ; elle a perdu la tête dans sa lettre. Je n'ai pas pu vous voir ces jours-ci ; cette petite guerre avec maman n'était pas nécessaire pour m'occuper ; outre cet agrément, j'ai des maux de dents très-douloureux. Je vous dirai ce soir ce qui sera fait à Ménilmontant. »

Enfantin ne parvint pas à calmer sa mère qui, dans sa susceptibilité fébrile, écrivit une lettre tellement déchirante à son mari, que le malheureux vieillard se crut obligé d'adresser à son tour de pressantes et douloureuses exhortations à son fils pour surexciter sa pieuse sollicitude à l'égard de la pauvre désolée.

Bruxelles, 2 octobre 1830.

« Prosper, mon cher fils, voilà une lettre sérieuse, tandis que j'aurais besoin de n'occuper mon imagination que de choses agréables.

» On perd un fils, on le regrette, on le pleure, et, si le calme renaît jamais, ce n'est qu'après un certain laps de temps. — Il n'en est pas de même de la douleur d'un père et d'une mère qui se croient abandonnés de leurs enfants; ce sont des chagrins qui se renouvellent tous les jours, et pour lesquels il n'y a plus de calme à espérer qu'à la mort. — Observe-toi bien, mon cher Prosper, avec ta maman; tu sais combien elle est susceptible; tâche de lui éviter jusqu'au moindre soupçon de la plus légère indifférence. Pour moi, je m'imagine te connaître assez pour être persuadé qu'il y a peu de fils qui aient de meilleurs sentiments que toi pour père et mère; ma femme a toujours pensé ainsi; pourquoi aurait-elle actuellement des craintes à cet égard? Elle s'apercevrait donc que tu la délaisses réellement, que la doctrine t'éloigne trop d'elle; prends-y bien garde, mon ami; si, après la perte de notre pauvre Auguste, qui a tant altéré la santé de cette bonne mère, tu ne parvenais pas à la faire revenir de ses pénibles idées, tu la mettrais à la mort. Rappelle-toi, mon ami, que dans tous nos malheurs tu as toujours été notre consolation. Je compte toujours sur toi pour adoucir nos chagrins et me faire supporter le peu d'instants que j'ai encore à passer sur cette maudite terre ; et je fais des vœux pour que ta maman et toi soyez plus heureux que je ne l'ai été. Adieu, mon ami.

» Barthélemy ENFANTIN. »

L'organe suprême du saint-simonisme, accusé par sa mère de se faire *égoïste*, alors qu'il prêchait la guerre sainte contre l'égoïsme, en le dénonçant comme le plus dangereux *ennemi du genre humain*, Enfantin, qui se glorifiait d'adorer un Dieu plus grand que celui de Moïse et de Jésus, un Dieu vraiment infini, et vivant en tout et partout, dans la matière comme dans l'esprit, Enfantin ne pouvait pas dire à sa mère, comme le Verbe de l'esprit pur : « Femme, qu'y a-t-il de commun entre vous et moi ? » L'homme qui s'était donné la mission de réhabiliter la chair et d'affranchir la femme, avait un autre langage à tenir ; il répondit à celle qui l'avait porté dans son sein :

« Auguste, ma chère maman, était peu ardent à s'occuper des affaires; les beaux-arts, qu'il aimait, remplissaient tous les jours davantage sa vie; voir des avoués et des procureurs n'était pas son fait; il se livrait avec ardeur à ses voyages, à ses travaux; il voulait ainsi se distinguer. L'as-tu jamais appelé *égoïste* pour cela? As-tu vu ton bonheur troublé par les efforts qu'il faisait pour acquérir du talent, pour embellir sa vie? Non! toi et papa vous entendiez avec joie parler de ses progrès; papa allait le voir travailler, comme je voudrais te voir, depuis longtemps, à nos prédications, car c'est là mon atelier; il jouissait, derrière lui, de lui voir faire un tableau qu'il trouvait même, lui papa, plus beau sans doute qu'il n'était réellement, car il était *père*. Et toi, tu allais au Salon voir ce qu'on disait des œuvres de ton fils. Pourquoi donc n'agissez-vous pas ainsi pour moi? Pourquoi appelles-tu gloriole ce que je cherche, ce que j'aime? Je le sais bien, il est difficile de croire, et papa éprouve la même difficulté, que ton fils soit appelé à faire la leçon à tout ce qu'on appelle hommes distingués, hommes de talent, grands hommes aujourd'hui; car, si vous le croyiez, papa et toi, tu n'appellerais plus cela de la gloriole; tu trouverais que ce rôle est grand, est beau, et tu te réjouirais des travaux qui m'absorbent et qui m'empêchent de te voir aussi souvent que tu le voudrais, mais qui m'éloignent cependant moins de vous que les voyages d'Auguste.

» Si tu voulais, chère mère, reporter un peu de l'amour que tu as pour moi sur l'œuvre immense que ton fils dirige; si tu pouvais, toi dont le cœur a été si souvent brisé par le monde où nous vivons, sympathiser avec les hommes qui viennent régénérer ce monde; si, par amour pour moi, au lieu de détester, de repousser ce qui m'attire, tu avais un peu foi dans la bonté de ce qui a puissance d'attirer ainsi ton fils; si tu avais seulement autant d'amour pour la doctrine que tu avais de goût pour la peinture que papa et Auguste aimaient, nous n'aurions pas toutes ces discussions pénibles. — Tu te fais mal et tu m'en fais, car hier, depuis ta lettre, mes anciennes inquiétudes d'estomac sont arrivées, et pendant que je les éprouvais, je songeais que de ton côté tu pleurais. Je cherchais la leçon que Dieu veut nous donner par des douleurs communes; en est-il une autre que celle-ci : c'est par moi, chère mère, qu'il veut se révéler à toi qui le cherches, mais qui l'ignores; c'est par moi qu'il te montre ce qu'il veut qu'on aime, c'est-à-dire son fils, mais aussi les hommes et le monde entier. Par Auguste, il t'a fait aimer l'harmonie des sons, des couleurs, de la nature ; par moi, c'est avec les joies des êtres aimants qu'il veut te faire sympathiser.

» Aime donc mes œuvres, ce sont des enfants que je me donne, et ceux-là, j'aime ce qu'ils aimeront, car je leur enseigne qu'ils ne peuvent jamais mieux prouver leur amour pour leur père, qu'en cherchant avec amour des fils; qu'ils ne me font jamais plus de bien qu'en faisant du bien à d'autres; que leur famille n'est pas seulement la maison où je demeure, qu'elle est surtout là où je ne suis pas, car il faut qu'ils m'amènent des enfants éloignés, inconnus de moi; et ils courent après un homme, comme Auguste cherchait un beau point de vue; ils savent que mon amour les suit, et je sais que c'est vers moi qu'ils font remonter la gloire de leurs travaux. Sois pour moi comme je suis pour eux, ma chère maman; aime-moi pour toi et pour moi, comme je les chéris pour moi et pour eux; ne séparons pas ce qui doit être à jamais un, ce que j'aime et ce que tu aimes, et pour cela que ce soit Dieu, le même Dieu que nous aimions; celui qui a dit par Jésus d'honorer son père et sa mère et d'aimer son prochain comme soi-même; celui qui dit par Saint-Simon de consacrer sa vie à l'amélioration du sort moral, physique et intellectuel de la classe la plus nombreuse et la plus pauvre, celui qui a fait naître de toi l'homme à qui il donne mission aujourd'hui de réaliser son règne sur la terre, de porter la paix, la concorde, l'amour, là où résident actuellement la guerre, la discorde, la haine; celui qui t'a donné

Auguste et moi, pour t'enseigner qu'aimer Dieu, c'était aimer la nature et les hommes, et non aimer seulement son époux et ses fils, et fermer son cœur à tout ce qui n'est pas eux, et repousser même comme ennemis tout ce qui attire. Je t'embrasse. »

Barthélemy Enfantin, du fond de sa retraite à l'étranger, vint en aide à son fils pour apaiser la mère courroucée, pour la rendre raisonnable et résignée.

« Chère et bonne amie, lui dit-il (octobre 1830) je me rappelle que tu m'as reproché, il y a trois mois, d'avoir écrit à Prosper une lettre qui pouvait l'affliger, et cette lettre, dans le fond, était moins que rien, et je vois, par ta lettre du 28, que tu n'as pas eu la crainte de l'affliger toi-même. Heureusement que ta lettre du 30 ne me parle plus de ton mécontentement, ce qui me fait espérer que ce n'aura été que l'affaire d'un moment. Que deviendrions-nous, chère amie, si, loin de Prosper, nous avions l'idée affreuse qu'il ne nous aime plus? Ma chère amie, cela ne peut être; n'allons pas ajouter à nos ennuis, nous en avons bien assez. Nous devions nous attendre que cette maudite doctrine l'éloignerait de nous, surtout à la place qu'il occupe.

Que veux-tu? il se trouve heureux; que pouvons-nous désirer de plus? Nous serions bien égoïstes si, pour satisfaire nos désirs, nous exigions qu'il fît le sacrifice des siens. Ainsi, tâchons de prendre notre parti tranquillement. »

La mère d'Enfantin s'efforça bien de suivre ce conseil; elle ne témoigna plus autant d'aversion pour les œuvres, ni de jalousie pour les enfants de son fils, mais sa résignation ne fut jamais qu'externe.

Au milieu de ces tribulations domestiques et des soucis de l'organisation intérieure de la société saint-simonienne, Enfantin avait à inspirer et à diriger, avec Bazard, tous les organes de la doctrine devant le public, ceux qui prêchaient (salle Taitbout), ceux qui enseignaient (au Prado et ailleurs), et ceux qui écrivaient (dans l'*Organisateur*). Cette suprême direction étant devenue, depuis la Révolution de juillet, politique autant que religieuse, les deux chefs du saint-simonisme eurent un jugement à porter, des prévisions à exprimer, des conseils et des avertissements à donner et à propager sur les événements de chaque jour; et les événements se pressaient et s'aggravaient alors d'heure en heure. Le libéralisme légitimiste s'était retiré des luttes officielles avec Chateaubriand, en maudissant *la conspiration de la bêtise et de l'hypocrisie*, ou s'était condamné au silence en maugréant avec Royer-Collard, sans abandonner son drapeau, bien que Chateaubriand lui-même l'eût appelé *le drapeau des morts*. Le libéralisme quasi légitimiste de M. Guizot s'essayait péniblement au maniement des affaires, ayant à combattre, à droite les carlistes, et à gauche ou au centre, le libéralisme américain de Lafayette, le libéralisme bourgeois de Casimir Périer, le libéralisme démocratique de Dupont de l'Eure et de Laffitte et le libéralisme républicain de la jeunesse militante représentée par Godefroy Cavaignac, Armand Carrel, Marrast, Raspail, etc. Puis, derrière ces groupes libéraux, dont les vues et les prétentions étaient si inconciliables, et qui échangeaient incessamment entre eux la menace et l'insulte, venaient les masses ouvrières que la révolution avait fait sortir des ateliers et jetées dans la rue, et qui se disposaient à crier : *Vivre en travaillant, ou mourir en combattant*. Les grèves, les coalitions, les émeutes étaient donc proches ou flagrantes, et le pouvoir, sorti des barricades, ne voulait, ne savait, ne pouvait rien que ce qu'avait voulu, su et pu son devancier ; il copiait exactement le pouvoir qu'il avait renversé comme indigne et incapable ; il ouvrait ses cachots et chargeait ses canons.

A cette reprise inévitable, à cette répétition fatale des procédés traditionnels des gouvernements fondés soit sur le droit divin, soit sur le droit révolutionnaire, et réduits à l'emploi de la force brutale, Enfantin et Bazard jugèrent opportun de rappeler ce que Saint-Simon, leur maître, avait publié, dix ans auparavant, dans le *Catéchisme des industriels*, pour dissuader les ouvriers de se mettre à la remorque des partis belligérants, et pour bien les convaincre que l'amélioration de leur sort, moral, intellectuel et matériel, dépendrait de leur ralliement plus ou moins empressé sous une bannière pacifique et religieuse, déployée désormais devant les travailleurs de tous les rangs et de tous les ordres, dans chacune des branches de l'activité humaine.

Ils firent donc insérer dans l'*Organisateur* (25 septembre 1830) un article de Michel Chevalier sur les *émeutes*, un autre de Gustave d'Eichtal sur les *coalitions ouvrières*, et une prédication de Laurent sur la commune impuissance des partis et des pouvoirs, privés de l'appui d'une doctrine vivante et d'un levier religieux.

Comme toutes ces questions n'ont presque rien

perdu, après trente-cinq ans, de leur importance et de leur actualité, nous croyons utile de reproduire quelques extraits des publications saint-simoniennes de cette époque.

L'article de Michel Chevalier commençait ainsi :

« Après le combat, le peuple a compris que, dans le mécanisme social, il n'était non pas le moteur, mais l'instrument. Il était agité de pressentiments vagues, mais il n'était point animé de cette volonté continue qui préside à une action organique. Il a reconnu qu'il était principalement *bras*, et il a appelé un *cœur aimant* et une tête *intelligente*, capables de lui donner l'impulsion. Arrêté dès ses premiers pas dans la carrière dont il venait de s'ouvrir violemment l'entrée, il a demandé qu'on le dirigeât. Le jour des hommes d'État et des publicistes, des gens de loi et de règlement, est ainsi venu. Le *Moniteur*, héraut de la scène politique, a proclamé leurs noms, et chacun a été accueilli, au premier instant, par un concert d'acclamations et d'éloges, témoignage brûlant de la faveur populaire et de l'importance du personnage.

» Le grand conseil législatif, et les synodes provinciaux et municipaux se sont donc assemblés. Les *délibérants* ont discuté, disserté et commenté ; ils ont voté par assis et levé, par boule blanche et boule noire ; mais ils ont eu sagement le soin de se renfermer dans la *métaphysique* libérale, dans le mysticisme constitutionnel. Ils ont invoqué dans mille harangues et proclamations toutes les divinités de leur Panthéon, la *liberté*, la *sécurité*, la *paix*, l'*union*, l'*ordre public*, divinités sans autels, sans adorateurs et sans prêtres, puis ils se sont repris à les glorifier, à les invoquer encore, non qu'ils fussent insatiables de cette ineffable douceur, de cette vie contemplative, mais, parce qu'ils n'osaient traduire la *métaphysique* dans les *faits*, la *théorie* dans la *pratique* : ils comprenaient que ces *faits*, cette *pratique*, ce sont les *faits* et la *pratique* de 91, qui engendra 92, qui engendra 93 et 94.

» Cependant le peuple, qui apprécie peu la métaphysique, le peuple, qui ne s'enflamme pas pour des théories, fussent-elles professées par un éclectique, un deux cent vingt et un ou même par un membre de l'extrême gauche, attendait impatiemment à la porte, de la *pratique*, de l'*application*; c'est-à-dire, un peu plus de pain, quelques améliorations à sa misérable existence, un peu de baume pour ses plaies. Il a crié, il a pétitionné, puis s'est ému, et a brisé des mécaniques, comme un enfant qui déchire son rudiment pour punir le maître d'école.

» Et alors sa situation fâcheuse s'est aggravée; l'industrie a été frappée de torpeur, les canaux par lesquels les capitaux s'écoulent ou remontent se sont resserrés, et les ouvriers ont été plus misérables, ils ont eu un peu moins de pain qu'avant le 25 juillet.

» Cependant les gouvernants, de plus en plus effrayés par la seule pensée de la *pratique* révolutionnaire, se sont remis en prière, poussant vers leurs dieux des cris de détresse, et appelant à leur aide tous les saints du paradis parlementaire. Ils se sont enfin montrés au peuple; ils ont fait bruire à ses oreilles la voix la plus menaçante de leurs divinités, l'*ordre public*, et ils l'ont averti que, s'il ne se contentait pas de la *pratique* du 24 juillet, ils n'avaient à lui offrir en échange que les bancs de la police correctionnelle, et au besoin les baïonnettes de la garde nationale. »

D'Eichtal débutait ainsi dans ses considérations sur les coalitions ouvrières :

« Au commencement de l'année 1824, un comité de la chambre des communes d'Angleterre fut nommé pour s'occuper de l'abolition des lois qui défendaient les coalitions, soit des maîtres, soit des ouvriers. Après une enquête, dans laquelle furent entendus un grand nombre de maîtres et d'ouvriers, venus de toutes les parties de l'Angleterre, le comité, le 19 mai 1824, présenta des résolutions qui obtinrent l'assentiment de la chambre et, le 25 juin 1824, parut un acte du parlement (5 Georg. IV, c. 95) qui révoqua les anciennes lois contre les coalitions.

» Nous commencerons par déclarer que nos doctrines sont tout à fait différentes de celles professées dans les résolutions du comité de la chambre des communes; nous ne croyons pas que la tâche des chefs de la société doive se borner *à laisser les maîtres et les ouvriers à faire entre eux leurs arrangements comme ils l'entendent;* nous pensons au contraire que la fonction la plus importante de ces chefs, *lorsqu'ils seront les plus capables,* doit être d'intervenir pour régler tous les rapports d'inférieurs à supérieurs; mais, cette distinction une fois posée, nous nous empressons de déclarer que nous rendons toute justice à l'esprit d'équité et d'impartialité qui a dicté les résolutions du comité. A une époque où la classe des ouvriers et celle des maîtres sont constituées, l'une à l'égard de l'autre, dans un état de lutte qu'aucune puissance morale ne peut faire cesser, nous aimons à payer un juste tribut d'éloges aux hommes qui, du moins, ont cherché à délivrer la classe ouvrière des désavantages légaux, qui venaient s'ajouter aux désavantages déjà si graves de sa position sociale, et nous disons :

» Voyez ce qui s'est fait chez nos voisins, il y a déjà six ans passés, et cependant, nous, qui depuis si longtemps les précédons dans la voie du progrès social, et de l'émancipation des classes laborieuses, nous, le peuple de 1789 et de 1830, nous n'avons pas encore effacé de nos codes ces lois [1], odieux monuments de l'esclavage des travailleurs et de leur oppression par les classes privilégiées. »

Voici un extrait du discours de Laurent :

« On s'injurie, on se menace, on se déchire, et les combattants portent tous les mêmes couleurs, servent tous les mêmes divinités, disent tous anathème au passé ! Tous l'ont vaincu, tous s'efforcent d'accaparer la victoire ! Tous veulent gouverner le présent, sans trop s'inquiéter de l'avenir qu'ils

1. Ces lois sont aujourd'hui effacées de nos codes, mais il a fallu, pour cela, que le suffrage universel eût fait parvenir au suprême pouvoir l'illustre auteur du livre *sur l'Extinction du paupérisme.*

ignorent ! Tous désirent uniquement le bonheur et la gloire de leur pays, et ils s'accusent tous, les uns les autres, d'avoir fait et de faire précisément le contraire de ce qu'il faudrait faire ! et ils se taxent mutuellement de mensonge, d'hypocrisie, de cupidité et de démence !

» Malheureuse France ! malheureux peuple ! Le voilà donc ce lendemain, ce triste lendemain que nous avions assigné au triomphe du criticisme libéral ! »

Le prédicateur passait ensuite en revue les efforts stériles tentés depuis trente ans, par les gouvernements et les partis qui avaient dominé tour à tour sur la scène politique, et qui avaient tous entrepris en vain de fermer l'abîme des révolutions et de réorganiser la société française. Il terminait par un appel à la conciliation, en invoquant les leçons de l'expérience et l'autorité de l'histoire.

« Venez tous à nous, disait-il, royalistes anciens, royalistes nouveaux, démocrates de toutes les nuances ! car nous justifions ce qu'il y a en vous de justifiable ; car c'est en nous seulement que peut s'opérer cette fusion, cette réconciliation des partis, si souvent et si vainement promise ; car c'est à nous qu'il est donné de faire chérir le pouvoir aux amis de la liberté, et la liberté aux amis du pouvoir.

» Venez ! l'heure, le moment de répondre à cet appel est arrivé ! Voyez les signes des temps ! ils sont éclatants sur vos têtes ! De toutes parts, les CLASSES LABORIEUSES, qu'on a comptées pour rien jusqu'ici, s'agitent et s'émeuvent. Chaque jour nous annonce des rassemblements, des coalitions d'ouvriers, etc. Ce n'est pas seulement Paris qui les voit dans son sein, qui en est troublé, alarmé ; c'est la France tout entière ; c'est plus que la France, c'est la Belgique, c'est l'Allemagne, c'est l'Europe, du midi au nord, qui s'ébranle. Partout, les masses manifestent l'impatience du joug qui pèse sur elles, et cette manifestation est, partout, accompagnée des excès et des désordres qui signalent presque toujours les mouvements aveugles des classes flétries, démoralisées par la servitude. Je dis *partout*, car la capitale du monde civilisé a pu seule nous offrir une population ouvrière raisonnable et généreuse jusque dans l'expression de son désespoir. Réprimez, réprimez donc ces désordres et ces excès ; opposez partout les gardes *bourgeoises* à la *multitude* effrénée, à cette masse de *prolétaires* qui, mécontents de leur sort, fatigués de leur misère, ne savent chercher un remède à leurs maux que dans la violence, et marcher vers le mieux qu'à travers le pillage et la dévastation. Mais, au nom de Dieu ! voyez dans ces événements calamiteux autre chose qu'une occasion d'exercer la valeur de vos cohortes urbaines, comme le disent tant de feuilles qui font de la barbarie chaque matin avec une révoltante légèreté. Voyez-y la révélation de souffrances qui deviennent de plus en plus insupportables, et le symptôme d'une nouvelle ère d'affranchissement pour les innombrables malheureux qui subissent encore l'exploitation de l'homme par l'homme.

» ÉCOUTEZ :

» Quelque temps avant l'apparition du christianisme les ESCLAVES se lassèrent, à Rome et dans le reste de l'Italie, de servir d'instruments à leurs maîtres dans les jeux sanglants du Cirque, et de croupir dans les travaux les plus pénibles et les plus abjects, pour alimenter le luxe ou l'aisance de la double aristocratie des patriciens et des plébéiens. Ils se révoltèrent et formèrent une armée de plus de cent mille hommes. Après trois années de succès et de revers alternatifs, les esclaves succombèrent, et les bourgeois de Rome, patriciens, chevaliers et plébéiens, s'applaudirent également de cette défaite, qu'ils regardaient tous comme définitive.... Peu de temps après, ils furent surpris par l'Évangile... qui, en venant affranchir pacifiquement les esclaves, préserva aussi les maîtres des chances horribles d'un affranchissement violent et meurtrier.

» A la fin du moyen âge, les serfs des campagnes se soulevèrent aussi, et ravagèrent la plus grande partie des provinces de France. Vous connaissez tous la guerre de la *Jacquerie*, qu'avaient précédée et que suivirent de nombreuses rébellions de cette nature. Les Jacques furent écrasés; mais ils avaient exprimé un besoin vrai et pressant, l'émancipation des populations rurales devint plus que jamais nécessaire, et prévint, en effet, de nouvelles calamités.

» Eh bien ! vous qui parlez sans cesse des leçons de l'expérience, comprendrez-vous celles-là ? Les classes ouvrières vous disent bien haut qu'elles souffrent, et, parce que vous avez en main une force matérielle qui peut les réduire au silence, vous croyez qu'il suffit, pour vous débarrasser à jamais de leurs cris importuns, de leur montrer l'appareil formidable dont vous êtes entourés, de leur rappeler les lois draconiennes que la bourgeoisie a faites, que la bourgeoisie applique, que la bourgeoisie exécute. Détrompez-vous ! Cette fois encore le sang des victimes coulerait sans fruit pour les bourreaux; car les victimes ne font que céder au besoin du progrès, et l'avenir, dans la vie d'une race perfectible, reste toujours à qui combat et meurt pour le progrès.

» Accueillez donc avec reconnaissance, au lieu de repousser avec dédain ou avec effroi la *doctrine* qui vient faire pour vous ce que l'Évangile fit pour les propriétaires d'esclaves, ce que la prudence des rois et des grands vassaux fit pour les propriétaires de serfs. Plus vous redoutez le désordre, plus vous craignez d'être violemment dépouillés, plus vous devez vous attacher à la croyance nouvelle qui peut seule désarmer la colère des masses... Ce n'est pas une *protection guerrière* que nous vous présentons, c'est l'appui d'une ASSOCIATION, fondée sur *la communauté d'affections, d'idées et d'intérêts*, et dans laquelle *chacun sera classé selon ses facultés et rétribué selon ses œuvres.* »

La politique saint-simonienne était trop bien servie par les circonstances pour ne pas impressionner vivement la jeunesse instruite et généreuse. « Cher fils, écrivait Enfantin à Fournel [1] (26 octobre

1. Fournel était alors directeur de la belle usine du Creuzot, dans le département de Saône-et-Loire.

1830), lisez le *Globe* d'aujourd'hui; vous verrez que nous approchons bien de ce que je vous avais, je crois, promis dernièrement, c'est-à-dire d'avoir ce journal tout à fait à notre disposition. — Lherminier, l'auteur de l'article, est tout à fait rendu; nous l'avons reçu, après longues épreuves, au second degré, ainsi que Ribes, professeur de médecine à l'école de Montpellier, qui a déjà travaillé à la propagation de la doctrine dans le Midi et qui nous donne de grandes espérances. Le même jour, nous recevions au troisième degré Ollivier, fils de Dugied, brave garçon, solide comme un roc; Holstein, que vous connaissez, et qui est, comme vous devez bien penser, *tout entier* là où je suis, et Bontemps, associé de Thibaudeau à Choisy-le-Roi (verrerie). Je crois que vous le connaissez aussi. Margerin et madame Bazard présidaient; Bazard et moi commençons à nous réserver pour choses plus importantes.

» Dugied appela ces cinq nouveaux enfants, leur fit une excellente allocution, collective et individuelle; les nouveaux venus embrassèrent tous leurs pères, dans la personne de Dugied, et donnèrent l'accolade à leurs frères. Alors Margerin fit lever Ribes et Lherminier, et leur conféra de la manière la plus digne l'*onction* du second degré;

les deux nouveaux frères rendirent grâce à leurs pères, se réjouirent avec leurs frères, et, se tournant enfin vers leurs nouveaux fils, qui, un instant auparavant, étaient leurs frères, leur donnèrent la bénédiction paternelle. Alors la mère Bazard prit la parole d'une voix douce et cependant bien assurée; elle expliqua pourquoi elle n'avait pas pris part à la consécration, pourquoi elle se bornait à joindre, vers la fin, quelques sons à la voix de son frère, pourquoi sa parole n'était pas encore *indispensable* à l'élection des pères; le pourquoi, c'est son isolement comme femme, et elle priait ses fils de lui amener des filles. Ces premières paroles d'une femme firent un effet admirable sur tous; en somme, nous n'avons rien vu d'aussi beau dans la doctrine.

» Ce qui est beau encore, au delà de ce que vous pouvez concevoir, mon cher Fournel, ce sont nos prédications : la salle Taitbout était déjà pleine avant-hier; il y avait plus de mille personnes, et cependant nous ne faisons aucun appel. Quand nous serons entourés de quatre à cinq prédicateurs et que nous sonnerons les cloches dans les journaux, je vous réponds que nous ferons un bruit qui vous empêchera quelquefois de dormir au Creuzot, quoique vous n'ayez pas déjà beaucoup de temps à donner au sommeil.

» D'ici à quelques jours, nous aurons une fournée de dix personnes pour le troisième degré, car nous avons un degré préparatoire qui se remplit avec rapidité.

» Jules Lechevalier est à Bordeaux, l'autre Chevalier à Limoges; Duveyrier ne fait que d'arriver; Lebreton prépare Nantes; Maréchal, Fèvre et Briard travaillent beaucoup à Metz, et le Midi est toujours en grande activité sous la direction de Rességuier.

» Nos dames ne recrutent pas beaucoup; mais comme il y en a près de deux cents à nos prédications et qu'aujourd'hui tout le monde s'occupe de nous, une bonne pêche ne saurait manquer d'ici à peu de temps.

» Quelques artistes, Listz, Berlioz, Nourrit, s'approchent de nous; Sainte-Beuve y marche par le *Globe;* il vient à nos soirées du jeudi. Cazeaux a mis la main sur un petit poëte en herbe (Buchey, dix-neuf ans) qui nous fera du bon; vous verrez quelque chose de lui dans l'*Organisateur*. A propos de l'*Organisateur*, n'est-ce pas un fameux luron? La première édition du volume est à peu près épuisée; on imprime la deuxième, qui sera prête en même temps que le second volume, c'est-à-dire un peu avant le jour de l'an. Adieu, chers enfants, je vous embrasse tous deux, et même tous trois, car vous avez la trinité d'amour, père, mère, enfant. »

Deux jours après, Enfantin donnait les mêmes nouvelles, le bulletin de la situation de la doctrine, à Rességuier, à qui il reprochait tout doucement sa dernière lettre comme un peu molle, pour lui demander ensuite de mettre plus d'activité à répandre le *Globe,* qui allait devenir, sous peu de jours, l'organe quotidien du saint-simonisme, tout en conservant ses trois derniers rédacteurs : Pierre Leroux, Lherminier et Sainte-Beuve. Enfantin ajoutait :

« Je vous ai dit que votre dernière lettre était un peu molle, cher fils, et cependant nous sommes enchantés de ce que vous nous dites de Toulouse ; mais gâtés, comme nous le sommes, par nos prédications, par le bruit que nous faisons à Paris, préoccupés des enseignements que nous ferons cet hiver, tous les jours, dans les deux quartiers les plus importants de Paris, le nôtre et le pays latin ; ayant sous les yeux, déjà préparés et bien disposés à paraître devant le public, un corps de *légistes,* un autre de *physiciens,* un autre de *physiologistes,* prêts à parler avec autorité, à l'école de *droit,* à l'école *polytechnique,* à l'école de *médecine* ; armés comme nous le sommes, d'un journal quotidien et de l'*Organisateur;* prêts à lancer un second volume et la deuxième édition du premier, nous trouvons que vous marchez lentement, et que le contre-coup de nos efforts ne s'est pas fait ressentir suffisamment près de vous. Quoi! vous Méridionaux, à la parole facile, à la langue sonore, vous n'avez pas un seul prédicateur... C'est pitoyable, et je crois qu'il y a une raison pour cela : c'est que vous ne cherchez pas assez, et que vous ne vous adressez encore qu'aux hommes qui sont disposés à nous étudier plus qu'à ceux qui veulent surtout enseigner; c'est que vous prenez ceux qui *reçoivent* plus que ceux qui *donnent*.

» Vous vous plaignez de ce que nous ne vous tenons pas au courant des travaux intérieurs du collége; comme si vous ne saviez pas que plus nous irons, et plus les travaux du collége seront des travaux de gouvernants, qui se résolvent soit par l'installation de nouvelles prédications, d'enseignements nouveaux, de publications nouvelles, d'élections, soit par la réunion de la famille sous un même toit, par les décisions sur les réunions du dimanche et du jeudi, sur nos habillements (je vous dirai, tout à l'heure, un mot à ce sujet), enfin sur tout ce qui constitue la vie saint-simonienne.

» Le bleu, jusqu'à nouvel ordre, est la couleur des saint-simoniens. Bazard et moi sommes en bleu *très-clair*, dit *bleu-Flore*, pantalon et habit; le gilet est blanc; le collége un peu moins clair, et ainsi de suite jusqu'au bleu de roi. Bazard et moi avons paru déjà deux fois ainsi aux prédications, simplement pour constater la *prétention* à avoir bientôt un costume; cela a fait bon effet.

» Toute la doctrine s'y met successivement. Dimanche prochain le collége sera prêt, et quelques membres du second degré, car vous saurez que jusqu'au deuxième degré inclusivement, nous sommes exposés au regard du public.

» Je joins ici le plan de la salle Taitbout, pour que vous voyiez comment nous figurons. Le troisième degré et les néophytes font le service de maîtres des cérémonies dans l'intérieur de la salle. Tout cela, au reste, ne durera pas longtemps sous cette forme, car la salle est déjà trop petite. »

VIII

(1830)

(Novembre - décembre.)

L'affluence croissait toujours, en effet, dans les réunions saint-simoniennes. La propagation par la chaire et par la presse obtenait d'incontestables succès. Enfantin écrivait, le 5 novembre, à Edmond Talabot, alors substitut du procureur du roi à Dreux :

« Cher enfant, tu ne nous écris pas, et tu fais bien, tu es sûr que nous pensons à toi, et que nous ne doutons pas de ton affection, mais tu évites des douleurs en gardant le silence. Il faut cependant que tu saches un peu où nous en sommes.

» Le *Globe* est à nous définitivement, ce ne sera que dans une quinzaine de jours qu'il aura tout à fait le caractère saint-simonien, mais il y marche; il y a déjà deux articles du père Laurent. Aujourd'hui, Leroux, Sainte-Beuve, Lherminier, sont tout à fait avec nous; le dernier seul est classé, les autres le seront bientôt. Autant que tu le pourras, fais donc prendre des abonnements au

Globe, fais donc transformer les *Constitutionnel*, *Courrier*, *National*, etc.; il faut que nous ayons des lecteurs près de toi.

» Nous nous chargeons de la rédaction à très-bas prix et faisons de grandes réductions sur les frais matériels. Il y a quinze cents abonnés, il en faut quatre cents de plus pour couvrir les frais.

» Cette parole quotidienne est une grande conquête : cher fils, avec nos prédications et le *Globe*, nous avons la *parole* et l'*écriture*. Jules est à Bordeaux et fait merveille; Pereire aîné vient de Toulouse, qu'il a trouvé superbe. L'enseignement régulier est commencé à Toulouse, Castres, Castelnaudary, Metz. Michel en a organisé un à Limoges; Jules, qui a Rigaud avec lui à Bordeaux, en fonde un en ce moment; Lebreton, quoique mou, travaille à Nantes; Castres a été très-influent dans les élections du Tarn, le préfet et le sous-préfet sont d'une bienveillance extrême dans ce département. Ici, malgré les plaisanteries du *Temps*, dans son numéro d'aujourd'hui, on nous aborde avec un peu plus de respect; votre frère Auguste, lui-même, commence à rire moins fort.

» L'intérieur de la famille va chaque jour de mieux en mieux, beaucoup de femmes commencent à s'approcher, timidement d'abord, mais enfin elles viennent; il y en a près de deux cents, rue Taitbout, une quinzaine à chaque exposition des lundi et vendredi, et autant à la rue de Taranne, tous les huit jours. Charton et Lemonnier y font une petite exposition qui va fort bien, et qui en prépare une plus grande que nous comptons faire au Prado (la grande salle), par Lherminier et quelques frères [1] du second degré, où nous appellerons les écoles de droit, de médecine et polytechnique. »

Cette dernière école était la pépinière de prédilection du saint-simonisme. C'est là qu'Auguste Comte et Olinde Rodrigue avaient été formés; c'est de là qu'Enfantin était sorti, et après lui Margerin, Fournel, Michel Chevalier, Transon, Cazeaux, Borrel, Jean Reynaud, etc., etc. La plupart d'entre eux étaient ingénieurs des mines. A ce titre, ils semblaient appelés à occuper des postes importants

1. Guéroult prit une part notable aux enseignements qui furent organisés à cette époque au Prado, à la salle Taitbout, à l'Athénée, place de la Sorbonne, et à la salle de la Redoute, rue de Grenelle-Saint-Honoré. Il avait entendu parler du saint-simonisme, pour la première fois, dans les salons du général Lafayette, par Isaac Pereire qui lui communiqua les ouvrages principaux de la doctrine. L'étude sérieuse à laquelle il se livra l'amena dans les réunions saint-simoniennes, en juin 1830; il fut associé aux enseignements publics à la fin d'octobre de la même année.

dans l'administration ou dans l'industrie; l'apostolat pour la propagation d'une croyance nouvelle devait être leur véritable vocation.

Michel Chevalier était alors à Limoges, pour rétablir sa santé, et Jean Reynaud, dont Transon avait été l'initiateur, remplissait ses fonctions d'ingénieur en Corse, d'où il suivait avec enthousiasme la marche rapide de la doctrine qui l'attirait.

Enfantin écrivit à Michel Chevalier, et fit écrire par Transon à Jean Reynaud, de revenir à Paris.

Voici un extrait de la lettre d'Enfantin :

« Paris, 30 octobre 1830.

» A nous, Michel! vieux voltairien, arrive! tu vas avoir à faire. Saint-Simon te dit par ma bouche qu'à l'exploitation de l'homme par l'homme doit succéder l'exploitation du *Globe;* je te le donne, il est à nous. Leroux a suivi son collègue Lherminier; Sainte-Beuve, un peu plus lent, se joint pourtant à eux; ta chambre est prête au troisième, tu logeras avec tes frères Lherminier et Leroux, sous l'aile de votre père Margerin, et tu vas nous tailler des croupières à tous ces bourgeois en moustaches, à tous ces tribuns en jabot, à tous ces pairs en manchettes.

» A nous, Michel! nous t'avions fait faire un saut trop rude; pauvre garçon, toi, nourri du fiel de la critique, nous t'avions mis de suite au lait et au miel; toi, qui as appris la Bible dans le Dictionnaire philosophique, nous t'avions fait chanter Moïse et les prophètes, et tu as bien chanté, parce que tu es de la pâte dont sont pétris les prophètes; mais tu es fatigué, il te faut du repos, il te faut encore quelque vieilles perruques à décoiffer, quelques cuistres à fustiger, quelques pédants à renvoyer à l'école; arrive, arrive, tu pourras remplir douze colonnes in-folio par jour.

» Avant de quitter Limoges, fais faire le plus que tu pourras des conversions de pied ferme à tes amis; fais-les tourner d'un abonnement au *Constitutionnel*, au *Courrier*, au *National*, au *Temps*, à un abonnement au *Globe*.

» Transon écrit à Reynaud de revenir; l'épreuve a été assez longue. Reynaud serait superbe aux lundi, vendredi et samedi; il doit même être bientôt prêt pour les dimanches.

» Le *Globe* ne prendra définitivement, nettement, la couleur saint-simonienne que dans une dizaine de jours; ainsi tu as le temps. Lherminier, Leroux et Sainte-Beuve vont préparer la transition pour ne pas effaroucher cet excellent public. . . . .

» Adieu, enfant; songe que ta maladie n'était qu'un signe de la nécessité où nous étions d'avoir un journal quotidien, où tu puisses épancher le reste de cette humeur folâtre qui t'animait dans tes anciennes promenades aux Tuileries avec Jean Reynaud. »

Transon ayant transmis à son disciple errant et isolé sur les montagnes de la Corse l'appel désiré par les chefs de la doctrine et par le collége, Jean Reynaud s'empressa de répondre et d'annoncer sa prochaine arrivée à Paris. Sa lettre portait le cachet de cet esprit fier et tendre en qui la science et la poésie se prêtaient un mutuel appui; on en jugera par les quelques lignes que nous allons extraire de cette réponse :

« J'ai entendu mon père qui me disait : « Venez, » et je viens. Et cependant je me suis demandé où était mon pouvoir pour agir et ma voix pour parler; mais je me suis dit : Le baiser de mon père me donnera la force, et sa voix l'éloquence; j'ai toute confiance en mon père, car je sais qu'il connaît ses enfants mieux qu'ils ne se connaissent eux-mêmes, et cependant, pourquoi suis-je tremblant en allant à lui? Hélas! ne suis-je pas comme la jeune fille marchant au lit nuptial? Mon âme ardente d'amour sera-t-elle frappée d'impuissance et de stérilité? Ne pourrai-je aussi, à mon tour, faire des hommes? ne pourrai-je sentir s'attacher à moi des amours comme celui que j'ai pour mon père, pour vous, Transon, pour tous mes autres pères? Ma vie tout entière est là! Croiriez-vous qu'ici, dans la solitude, dans l'isolement, allant quelquefois, à force de regrets, jusqu'à vouloir tout oublier, j'ai grandi; toutes ces semences jetées en moi, qui y avaient soudainement fermenté, ont germé, se sont développées, et m'ont amené à une conception de la doctrine bien plus vaste et plus profondément sentie! les sentiments religieux principalement, qui, s'il vous en souvient, nous embarrassaient tant dans notre exposition de chez Michel, ont éclaté en moi, avec une lucidité et un éclat qui me surprennent véritablement, lorsque je songe à quel point j'en étais lorsque je quittai Paris. Cependant je vous l'avoue, mon père, il m'arrive parfois de sentir de ces dégoûts de l'âme, si amers, de ces nausées de vie que nous sentions si vivement l'un et l'autre avant de connaître la doctrine, moi sous mon manteau de folle gaieté, vous dans votre misanthropique sentimentalité. Je sens en moi comme un vide profond, comme un abîme, j'ai besoin de le combler d'amour. Et voilà mon père qui m'appelle à lui, lorsque je songeais à me faire tuer aventureusement sur les frontières. Je bénis mon père, parce qu'il dit ce qui est vrai; et s'il m'appelle, c'est que je serai utile à quelque chose; et alors je serai heureux; je serai heureux, car je serai au milieu de mes pères et de mes frères, et tous ceux qui seront autour de moi m'aimeront; je serai heureux, et pourtant, Transon, je ne vous le cache pas, je verserai des larmes quand mes montagnes disparaîtront derrière moi dans les vapeurs de la mer. Où la grandeur de Dieu paraît-elle plus imposante que dans le désert? N'est-ce pas en s'éloignant de la société que l'on parvient à le comprendre mieux? Jamais mon âme ne s'est élevée plus haut que lorsque, du sommet des montagnes, mon œil errant se promenait sur les contours de la Méditerranée. Eh bien ! Adieu aux montagnes! je ne verrai plus le soleil se lever sur l'Italie, et le soir je n'attendrai plus la lune pour guider ma course errante. Adieu aux pasteurs! Ils ont rompu le pain avec moi, et ils ont armé leurs longs fusils pour me protéger : je les aimais ces gens simples, quoiqu'ils ne fussent pas mes frères, mais adieu! je pars pour toujours, et les gens de la montagne ne diront plus, en me voyant bondir dans leurs rochers : *il giovane Francese.* Plus n'est besoin de poignard à la ceinture ni de l'habit des montagnes; je rentre dans les villes. Oui, cette idée de ville, malgré moi me préoccupe, me fatigue; et, d'autre part, la solitude me pèse, me glace de dégoûts : comprendrez-vous, mon ami, mon père, tout ce que ce mot de ville me met de fadeur dans l'âme, tout ce que m'inspire de sombre tristesse cette société en lambeaux, je m'y sens gêné, mal à l'aise, chacun de mes gestes y heurte quelque chose, et rien de ce que je pense, de ce que je sens, n'y trouve d'écho. Mais ne me parlez-vous pas de l'organisation de la famille, de la société saint-simonienne, mise pour ainsi dire en pratique? Mes pères m'y appellent, et mon âme ne peut suffire à se remplir de tout ce que je sens de bonheur et d'amour. Adieu repos, aisance, amis, adieu tout; vienne le travail, les privations, viennent les misères, les persécutions s'il le faut, qu'importe! Au milieu de mes frères, le mal ne saura m'atteindre. Puissance de l'amour, qui couvrais de fleurs les déserts de la Thébaïde, ta splendeur pâlit près de l'amour des fils de Saint-Simon.

» Allons au pressé. Ma demande de mise en disponibilité est à la direction générale, faites en sorte que quelqu'un l'appuie, et hâtez-vous.

» Adieu; faites en sorte de pouvoir bientôt presser votre enfant dans vos bras. Vous êtes, à vrai dire, mon père tout particulier, et je tâcherai d'accomplir tout ce que votre amour attend de moi. Je ne ferai que rêver à la famille de la rue Monsigny jusqu'à ce que je me réveille dans son sein. »

Jean Reynaud ne put pas rentrer à Paris aussi vite que Michel Chevalier. Leur ancien condisciple, Fournel, n'était pas moins impatient qu'eux de se soustraire aux soucis de sa direction du Creuzot pour se rapprocher du foyer de la doctrine. Il résolut de se rendre à Paris et s'y fit précéder par cette lettre :

Creuzot, près Montcenis (Saône-et-Loire), 18 décembre 1830.

« CHERS PÈRES,

» Voici les sommes que vous pouvez ajouter à celles dont vous avez à disposer :

» Chez M. André, maître de forges.	35,000 fr.	prêtés à 6 p. %
Mon frère............	25,000	5 d°
Merlin, libraire........	23,000	6 d°
Frères..............	6,000	5 1/2
Ensemble......	89,000 fr.	

» C'est la totalité de ce que nous possédons *actuellement*, la totalité est à vous dès ce jour.

» Maintenant nous aurons à nous entendre pour la réalisation de cette somme. Ma famille a une haine profonde pour la doctrine ; j'ai déjà reçu de vifs reproches à l'occasion de petites sommes que je vous ai envoyées, et dont mon frère a eu connaissance, j'ignore par quelle voie.

» Il sera bon d'employer quelques ménagements dans l'intérêt commun. J'ai à prétendre (comme on dit) 120 à 150,000 fr. dans la succession paternelle, et cette somme vous est acquise comme le reste, mais je ne mets pas en doute que, si par la destination des 89,000 fr. la destination de la succession est connue, je ne mets pas en doute que mon père et mon frère feraient les dispositions convenables pour que la presque totalité nous échappât ; tous deux le feraient en *conscience*, car, dans leur pensée, ils ne nous ôteraient rien en agissant ainsi ; il résulte, de tout ceci, que c'est seulement à notre prochain voyage à Paris que nous pourrons deviser sur la réalisation.

» Nous répondrons plus tard à vos lettres, nous avons voulu nous hâter de vous transmettre notre résolution.

» Le père, la mère et l'enfant vous embrassent tous du meilleur de leur cœur.

» *P. S.* Sous peu de jours, je vous adresserai mille francs à toucher au 10 janvier. »

Une copie de cette lettre porte en marge la note suivante, de la main d'Enfantin :

« C'est le premier acte de foi pratique, il est aussi large que possible, et nous procura une grande joie. »

Mais tandis que les élèves de l'École polytechnique donnaient des preuves si éclatantes de leur désintéressement et de la sincérité, de l'ardeur et de la puissance de leur foi, une défaillance qui fit presque scandale vint affliger la société saint-simonienne. Lherminier, le brillant et chaleureux néophyte, à la veille de prononcer un discours dont on attendait un grand effet, disparut soudainement, en se laissant enlever, pour ainsi dire, par quelque fidèle doctrinaire, qui l'emmena, disait-on alors, au delà des Alpes. Enfantin écrivit à ce sujet un projet de lettre, conservé dans ses manuscrits, et dont nous croyons devoir citer un extrait, tant il nous paraît exprimer exactement l'émotion douloureuse que ce regrettable incident souleva dans le sein de la famille nouvelle.

» A M***

» Vous dites, monsieur, qu'il est toujours bien d'arrêter un homme qui s'avance vers un précipice.

Quel est donc ce précipice? l'avez-vous sondé? à quelle école avez-vous appris à juger sans lire, sans entendre, sans voir? Quel maître vous a donné mission, ou bien quelles œuvres vous ont donné le droit de condamner si légèrement notre maître et nos œuvres?

» Vous avez cruellement abusé de la faiblesse d'un homme qui vous aime, car il souffre aujourd'hui, et vous même vous devez trembler pour son avenir. Lherminier, inconnu encore dans le monde, a pu suivre et quitter Bautain, verser quelques larmes, passer une année dans l'étourdissement du désordre, et se *relever*. Mais aujourd'hui, cet homme insatiable de gloire, toujours brûlant d'agir et d'occuper de lui, dans l'isolement où il se trouve, s'il jette les yeux sur son passé, ne peut y lire qu'hésitations et faiblesse ; honteux et doutant de lui-même, que deviendra-t-il? Avez-vous donc un Dieu à lui donner, vous qui lui avez enlevé Celui par qui Bautain l'avait séduit, et qui croyez avoir détruit Celui qui, par nous, est venu l'éclairer! Lherminier n'a pas un cœur qui puisse battre à l'aise dans les salons, sa voix n'est pas faite pour dire des douceurs sur un canapé ; il lui faut un temple, nous seuls pouvions le lui donner. Si vous l'aviez aimé pour lui, pour ce qu'il aime, vous auriez béni la main que nous lui avons tendue, ou du moins vous auriez tout fait pour vous assurer qu'elle n'était pas trompeuse.

» Encore une fois, vous avez abusé de votre influence sur lui, car vous l'auriez perdu si nous pouvions l'abandonner, et surtout s'il pouvait étouffer le germe [1] de vie que nous avons déposé en lui. En supposant que son second enthousiasme fût comme le premier une folie, c'était le perdre, l'anéantir, que d'employer pour le désenchanter de nous et de notre foi, les moyens qui l'avaient aidé à se délivrer du catholicisme et de Bautain. Il a, une seconde fois, dans une vie bien courte encore, accepté de vous, en présence de tous, un brevet d'enfance, de faiblesse, de folie ; deux fois vous l'avez fait, ou vous l'avez vu rougir de ce qu'il avait publiquement adoré ; vous avez, sans pitié, brisé son idole,

1. Ce germe de vie apparut, en effet, dans le cours de législation comparée dont Lherminier fut chargé au collége de France, peu de temps après son retour à Paris.

Le *Globe* du 22 avril 1831, rendant compte de la première séance de ce cours, le caractérisait ainsi :

« On doit le remarquer, dans toute cette exposition M. Lherminier est comme un homme qui a su comprendre un principe, mais qui n'a pas eu la force de le pousser jusqu'à sa dernière conséquence ; aussi son cours est-il un mélange d'idées reçues de notre maître et d'anciennes réminiscences de la philosophie de Hegel et de M. Cousin, animées, colorées par une imagination d'artiste vive et brillante. » (*Globe*.)

et tenté de détrôner son Dieu, et vous n'avez pas songé qu'ainsi vous le brisiez, vous le détrôniez lui-même.

» Vous avez voulu enlever à notre affection celui qui s'était donné à nous, vous lui avez fait honte de se soumettre au *despotisme* que nous allions exercer sur lui, au moment où vous chargiez des chaînes les plus lourdes sa trop confiante amitié pour vous ; vous nous accusiez près de lui de compromettre son avenir, vous lui disiez qu'avec nous on ne verrait plus en lui qu'un fou, qu'un rêveur, et vous lui avez fait faire l'une des plus incroyables folies qu'homme raisonnable puisse concevoir ; enfin vous prétendiez que nous mutilons sa personnalité, et vous avez écrasé la sienne sous le poids de la vôtre. »

La chute si prompte, la fugue si bizarre de Lherminier furent vite oubliées. Les adeptes arrivaient de toutes parts au saint-simonisme, ses pertes étaient insignifiantes et imperceptibles, à côté de ses accroissements et de ses conquêtes. Le 24 décembre 1830, une réunion générale des divers degrés de l'enseignement eut lieu dans la salle de la rue Monsigny, Enfantin y prononça l'allocution suivante :

« Au milieu des événements politiques qui justifient d'une manière si éclatante les prévisions de notre maître, nous avons voulu vous sentir plus près de nous, et communiquer avec plus d'amour à notre sainte famille, au germe de la famille universelle, la vie qui nous anime. Jusqu'à ce jour, nos fils de tous les degrés n'avaient pas été réunis, ils le sont en ce moment. Vos filles, chère Claire, nous manquent encore, mais le tumulte qui règne dans Paris en est seul la cause.

» Chers enfants, nous avons plusieurs bonnes nouvelles à vous donner : toutes seront pour vous des révélations de notre marche progressive ; écoutez :

» L'un de vos pères suprêmes, l'un des successeurs de Saint-Simon, l'un des maîtres de l'avenir, moi qui vous parle, j'ai été jusqu'ici condamné, par suite de votre position même, à exercer dans ce vieux monde auquel nous apportons le classement selon la capacité et la rétribution selon les œuvres, une fonction qui dérobait à la doctrine une partie de mon temps, une partie de notre vie[1]. Aujourd'hui même, j'ai brisé cette chaîne ; votre père Bazard-Enfantin est tout à vous, vous avez fait un pas de plus dans la vie saint-simonienne. Nous avons

1. Enfantin fait allusion à sa démission de l'emploi qu'il remplissait à la caisse hypothécaire.

depuis peu de jours appelé au collége nos deux chers fils JULES LECHEVALIER et CARNOT, et aujourd'hui nous vous témoignons encore notre amour, à vous surtout, nos fils du second degré, en élevant au-dessus de vous un de nos fils qui est digne de se rapprocher de nous.... (*Margerin désigne Michel* CHEVALIER.)

» *Michel*, sois béni, viens prendre ta place auprès de nos enfants les plus chers, ils sont devenus tes frères, et tous leurs fils sont aussi les tiens.

» Chers enfants, vous avez devant les yeux votre mère bien-aimée, et tous vos pères : tous dirigent vos travaux divers, tous n'ont pour vous et pour le monde entier qu'un seul caractère; nous n'avons encore fondé avec eux et par eux que la hiérarchie d'amour ; ils sont prêtres, ils sont plus encore, ils sont apôtres.

» Pour rendre plus intime et plus fort le lien qui nous unit à eux nous leur avons distribué l'œuvre sainte de notre perfectionnement. LAURENT et BARRAULT, vous êtes la voix de notre amour. — *Prêchez!* JULES et CARNOT, vous êtes notre parole de science. — *Enseignez!* DUVEYRIER, D'EICHTAL, MICHEL, *l'Organisateur*, *le Globe* sont à vous. — *Ecrivez!* CLAIRE, vous êtes la première de nos filles, l'avenir de toutes les femmes vous est remis, donnez-nous des filles. En présence du désordre qui menace la société extérieure [1], le collége sera en permanence auprès de nous, dans la personne de RODRIGUE et de MARGERIN. Chaque fois que les soins du gouvernement de la famille saint-simonienne s'opposeront à ce que nous puissions vous faire entendre notre parole, c'est par leur bouche que vous connaîtrez notre volonté.

» DUVEYRIER et JULES, la direction de nos fils au second degré vous est confiée. C'est par votre amour pour eux qu'ils concevront *l'autorité*, c'est par l'exemple de votre amour pour nous qu'ils concevront *l'obéissance*, et tous les progrès qu'ils feront par nous seront des progrès pour vous-mêmes. »

Ce classement était l'œuvre des deux chefs de la doctrine seuls; le collége en avait ignoré la préparation, et il n'en fut instruit que dans la réunion générale. Enfantin a constaté lui-même l'impression peu favorable que cette création inattendue produisit sur quelques membres de la famille saint-simonienne.

« Cette réunion, dit-il, eut lieu à l'époque du procès des ministres.

1. L'émeute grondait alors dans Paris et particulièrement autour du palais de la chambre des pairs, où l'on jugeait les derniers ministres de Charles X.

» La désignation de Rodrigue et de Margerin[1] pour constituer près de nous le *conseil permanent du collége* déplut à plusieurs, et pourtant nous ne faisions que constater par là un fait, car, depuis assez longtemps déjà, c'était toujours Rodrigue et Margerin que nous appelions le plus fréquemment à s'entretenir avec nous des intérêts de la famille ».

(*Note écrite à Sainte-Pélagie*, le 5 janvier 1833.)

Enfantin, s'adressant à madame Bazard dans son allocution, avait dit :

« Claire, vous êtes la première de nos filles, l'avenir de toutes les femmes vous est remis, donnez-nous des filles ».

A quelques jours de là, un incident vint troubler la foi et les espérances de la femme qui avait obtenu, de ses pères, cette haute marque de confiance. .

1. Rodrigue et Margerin étaient sans contredit des penseurs de premier ordre. Savants mathématiciens, ils étaient doués d'une grande puissance d'abstraction et de logique. Rodrigue joignait même à ces hautes facultés un grand cœur. Cependant la supériorité apostolique et hiérarchique, consistant à attirer, à persuader, à conduire, à gouverner les hommes, à prendre charge d'âmes, ne leur fut pas reconnue alors, ni depuis, par quelques-uns de leurs collègues.

Un des plus jeunes membres du collége, J. Lechevalier, avait témoigné le désir de demander la main d'une actrice célèbre. Son dessein souleva une vive discussion, en présence de madame Bazard qui le combattit, et qui en prit occasion d'écrire à ce sujet aux chefs de la doctrine une lettre, remarquable surtout par les doléances qu'elle exprimait [1] sur l'admission des femmes, mondaines ou déclassées, à l'apostolat saint-simonien.

1. « Au nom de Dieu et de Saint-Simon, disait madame Bazard, vous m'avez donnée pour mère à vos fils, mais était-ce aussi, en leur nom, que vous n'avez consulté ni mes répugnances ni mes affections, quand vous avez permis à l'un de mes enfants d'aller chercher une épouse pour lui, une fille nouvelle pour moi, parmi ces infortunées que je plains, que j'aime, qui ont une si large part dans le dévouement de ma vie, mais que je ne crois ni capables d'aimer un de mes fils comme je voudrais qu'il fût aimé, ni sorties assez pures d'un milieu corrompu pour que jamais il ne regrettât son choix ?

» Mes pères, si vous m'avez appelée parmi vous, c'était sans doute pour que la doctrine profitât de mes dégoûts et de mes affections de femme ; eh bien ! mes pères, je vous en supplie, veuillez donc m'écouter. Je ne méprise pas les pauvres pécheresses, tant s'en faut, et leurs douleurs et leur avilissement ont éveillé mes premières sympathies, mais quand le père Laurent nous a parlé hier de la Madeleine sanctifiée par le christianisme, pourquoi n'a-t-il pas pu dire aussi, pour que son exemple fût complet, que la Madeleine, l'épouse adultère, étaient devenues les épouses honorées, les compagnes chéries de Jésus et de ses apôtres ? Non, non, mes pères, une religion nouvelle doit pénétrer peu à peu d'abord d'une sainte conviction les femmes pures et dévouées, qui savent doucement et sans bruit étendre leur doux empire, et désarmer l'envie et la malignité. »

« Cette lettre, a dit Enfantin (note datée de Ménilmontant, novembre 1832), est le commencement de nos discussions sur les femmes, quoique ce ne soit que beaucoup plus tard que la question ait été portée au collége ; jusque-là, nous n'en parlions qu'avec Rodrigue, Bazard et Margerin. Celui-ci était d'ailleurs le premier qui, après la mort d'Eugène, avait soulevé et débattu cette question, avant même que j'en parlasse positivement avec Rodrigue et Bazard ; car, ce fut un jour où Rodrigue, assistant à une conversation que j'avais sur ce sujet avec Margerin, commença une discussion tellement vive que, le lendemain de très-bonne heure, il alla chez Bazard lui dire que tout était perdu, si on ne mettait pas promptement fin à cette hérésie naissante et monstrueuse ».

Enfantin a ajouté, dans une note subséquente, écrite à Sainte-Pélagie le 5 janvier 1833 :

« La discussion qui donna lieu à cette lettre fut excessivement vive, mais elle porta sur deux sujets, et même le fait relatif à Jules et à l'actrice ne fut pas le plus important. En parlant de théâtre, on arriva à la grande question morale du *mensonge*, qui semblait pourtant avoir été complétement épuisée, à l'époque où nous avions discuté celle des miracles..... Je m'efforçai de prouver qu'il pouvait être bon, saint, religieux, de ne pas dire toujours, et en un seul coup, tout ce qu'on avait dans l'âme, à celui qui était l'objet du sentiment qui vous agitait, et ceci, soit pour l'amour, soit pour la *répulsion*. C'est là, je crois, que je désignai par le mot de *divine comédie*, qui me fut si souvent reproché, ce TACT sacerdotal, tout paternel, tout médicinal, qui fait qu'on donne à chacun ce qu'il peut porter dans le temps. »

C'était naturellement à Enfantin qu'il appartenait de répondre à une lettre provoquée par les opinions qu'il avait hardiment émises et chaleureusement soutenues[1]. Aussi cette réponse fut-elle prompte et vive. Enfantin ne devait pas laisser échapper une si belle occasion d'entamer avec une femme forte l'exposé préliminaire de la plus radi-

1. On trouve, dans les manuscrits d'Enfantin, une lettre de Gustave d'Eichtal, datée de 1830, et en marge de laquelle ce dernier a écrit, en 1832, la note suivante :

« Cette lettre fut écrite le lendemain du jour où eut lieu au collége la première discussion sur les femmes, au sujet du projet de visite de Jules Lechevalier à*** (l'actrice). A cette occasion, la mésintelligence entre les deux pères éclata pour la première fois d'une manière visible. Bazard lutta en vain. Le lendemain, nous nous rencontrâmes avec Laurent dans la bibliothèque, nous nous jetâmes dans les bras l'un de l'autre, en nous écriant : *Le pape se fait !* »

cale de ses conceptions, celle qui, dans ses développements, devait finir par affecter et troubler les esprits, même parmi les saint-simoniens, au sujet des principes fondamentaux de l'ancienne société civile et domestique. Sa lettre, qui sera comprise dans la prochaine publication de ses œuvres, commençait ainsi :

« Vous vous plaignez à nous, ma fille, vous avez souffert. Une discussion entre vos frères, entre vos pères, vous a entourée de désenchantement et de regrets, vous avez pleuré douloureusement; votre foi a donc pu faiblir, je viens vous la rendre.

» Au nom de Dieu et de Saint-Simon, nous vous avons donnée pour sœur à nos fils, pour mère à leurs fils, pour mère à toutes leurs filles ; c'est aussi au nom de Dieu et de Saint-Simon que j'ai consulté vos répugnances et vos affections sur le sujet qui vous a troublée ; je les ai consultées, et pour y puiser moi-même une révélation, et aussi pour vous enseigner ; c'est-à-dire pour nous conduire selon ce que vous êtes, et pour vous diriger selon ce que nous serons un jour ; je les ai consultées, prêt de dire à Jules de rendre au passé l'autorisation que je lui avais donnée, prêt aussi à vous donner l'avenir qui vous manque encore.

» Vous êtes, ma fille, la seule femme saint-simonienne, vous avez voué votre vie entière à notre œuvre sainte ; Saint-Simon n'eut parmi les hommes qu'un seul disciple, nous n'avons parmi les femmes qu'une seule fille ; aujourd'hui Bazard et moi sommes sur le siége où Saint-Simon installa Rodrigue, nous sommes *deux*, et vous en savez la raison, et toute la doctrine en sait l'utilité; il faudra qu'un jour, et bientôt peut-être, une seconde femme s'asseye au même rang que vous. Quelle est cette femme ? quelles sont les conditions qui doivent faire qu'elle et vous, unies d'autorité comme nous sommes Bazard et moi, embrasserez l'ensemble de la doctrine, sa théorie et sa pratique, son dogme et son culte ? Tout ce que nous avons traité, samedi, laissait voilées les questions que je viens de faire ; mais c'étaient elles qui m'occupaient, et vous êtes bien plus préparée maintenant à en entendre la solution.

» Je n'ai donc pas besoin de prendre les exemples particuliers qui obscurciraient encore à vos yeux mes idées. Je ne parlerai que de Bazard et moi, c'est parler de tous les hommes, que de vous et de la femme qui vous compléterait comme nous nous complétons réciproquement Bazard et moi, ce sera parler de toutes les femmes. »

Nous dirons plus loin quelles furent les suites de cette correspondance et ce que devint et produisit, en 1831, la grosse et délicate question dont Enfantin se préoccupait par-dessus tout.

IX

1831

(Janvier-Juin.)

« Le pape se fait ! » avaient dit deux membres du collége. Mais cette suprématie, qui frappait de plus en plus les premiers degrés de la hiérarchie saint-simonienne, ne provoquait pas des sentiments parfaitement identiques chez tous ceux qui s'accordaient si bien d'ailleurs pour la reconnaître et la proclamer. Pour quelques-uns, elle impliquait religieusement l'effacement absolu du MOI dans les inférieurs, l'absorption complète des enfants dans le PÈRE; pour d'autres, au contraire, elle devait se faire accepter, aimer et suivre, en s'appliquant à développer, à grandir la personnalité, en présidant à la culture des facultés de chacun, dans l'intérêt combiné de chacun et de tous, au lieu de tendre à faire disparaître le caractère distinctif des individualités, pour les fondre toutes en une seule. La pensée des exagérateurs de la dévotion filiale fut exprimée par l'un d'eux en ces termes, dans une lettre adressée à Enfantin, le 1er janvier 1831.

« O mon père,

» Salut, père, salut! ma vie est de t'aimer, de t'étudier et de te servir.

» Salut! tu t'avances comme un géant divin, et tu nous entraînes sur tes pas.

» Salut! il y a un an, je vins te demander le baiser de nouvelle année, dans l'humble réduit que t'avaient donné pour demeure les oisifs qui t'exploitaient; tu étais malade alors de travail et de souci.

» Et maintenant voici que tu as secoué ta chaîne; et, plein de santé, tu siéges sur un trône au milieu de ton peuple.

» Où sera ton séjour, à la fin de l'année qui commence? je ne sais, mais il sera loin, bien loin d'ici; mais dès ce matin même, j'y marchais à ta suite.

» O Père! quand feras-tu descendre sur ton fils une BÉNÉDICTION SOLENNELLE. Alors seulement ton fils véritablement VIVRA; car alors seulement tous sentiront ce qu'il est; tous l'aimeront, le comprendront, le suivront; ils sauront que son nom est un *diminutif de Prosper*.

» Alors seulement, mon père, ton fils *vivra;* car il verra ton visage incessamment le gourmander d'un regard, le ravir d'un sourire paternel; alors ton large sein s'ouvrira quelquefois à son ardeur filiale; et lui-même seulement alors recevra les embrassements d'un fils.

» O mon père! je suis autour de toi comme le satellite auprès de sa planète. *Ton domaine entier est le mien,* mais tandis que, dans ta rotation lente et majestueuse, un jour te suffit pour en embrasser tout le pourtour, une année, ô mon père, suffit à peine à la marche haletante et précipitée de ton fils, pour en parcourir les régions successives. Et cependant toi-même, ô mon père, tu n'es pas infini; et lorsque tu tournes une de tes faces aux rayons de l'astre divin, ta face opposée resterait couverte de ténèbres, si ton fils ne renvoyait vers elle un pâle reflet de la lumière céleste.

» Et quand tu verses, sur le monde que Dieu t'a donné, les flots de lumière qui t'inondent, ton fils, brillant à tes côtés, se réjouit aussi de son modeste éclat.

» O mon père! pourquoi ces alternatives qui tantôt m'approchent, tantôt m'éloignent de toi? Les liens qui me retiennent dans mon orbite ne seront-ils jamais brisés! Un jour! un jour! la planète et le satellite ne seront-ils pas UN?

» O mon père! continue cependant de me promener avec toi à travers l'espace! Bientôt tu me vivifieras de feux nouveaux! Tu me réjouiras d'une lumière nouvelle. Mon père! mon père! je le sens, le jour de ton hymen est proche, et déjà, près de toi, j'ai vu le trône de ma MÈRE. »

A côté de ce lyrisme dévot dont Enfantin était l'objet, le sentiment de l'indépendance personnelle se manifestait, à la même époque, et faisait ses réserves dans une autre lettre, adressée aux chefs de la doctrine par un membre du collége à propos de la création du conseil privé, et dans laquelle il était exposé, sous la forme la plus respectueuse, — que la supériorité morale, base de l'autorité dans l'ordre saint-simonien, ne dérivant pas d'une délégation directe et surnaturelle de l'infaillibilité divine, transmise à un homme privilégié, prophète ou messie, dans des apparitions miraculeuses ou des colloques mystérieux, il était rationnel de considérer comme légitime le désir de l'inférieur d'être protégé, dans le jeu du mécanisme hiérarchique, contre les erreurs possibles du supérieur, même le plus capable et le plus digne [1].

1. Si nos souvenirs sont exacts, cette lettre ne fut remise aux chefs de la doctrine qu'après avoir été communiquée par Laurent à MM. Carnot, Pierre Leroux et Sainte-Beuve.

Enfantin et Bazard répondirent dans un entretien intime à cette susceptibilité libérale. Ils étaient loin de se croire infaillibles, bien qu'ils représentassent ce qu'on appelait alors *la papauté saint-simonienne*. Personne ne savait mieux qu'eux, disaient-ils, que leur suprématie, exercée par *deux hommes*, ne pouvait pas constituer d'une manière complète et définitive l'autorité normale dans une société où l'égalité de l'homme et de la femme serait admise comme l'un des principes fondamentaux de l'ordre nouveau. Mais le saint-simonisme n'instituait pas encore une société modèle, il organisait surtout une propagande. Il donnait à l'apostolat la forme disciplinaire, qu'il jugeait la meilleure pour répandre ses idées et convertir le monde. Le caractère mâle et les formes magistrales et roides de l'autorité dans le passé ne pouvaient être amendés au profit de la liberté que par l'avénement de la liberté, que par l'avénement de la femme au partage de la puissance, par l'intime alliance de la force et de la délicatesse, de l'élément impérieux et de l'élément persuasif, dans les institutions futures. Là devait être la véritable pondération des pouvoirs, la vraie garantie des inférieurs; mais elle était réservée à l'avenir. Jusque-là, il fallait accepter les conséquences de l'état incomplet et provisoire de l'apostolat saint-simonien.

Ainsi disaient les maîtres ; et le disciple, qui n'avait pas cessé de reconnaître leur supériorité, et qui était convaincu aussi que le saint-simonisme n'était et ne pouvait être constitué encore que pour la propagation d'une doctrine, et non pour l'organisation immédiate et définitive d'une société nouvelle; le disciple continua de concourir, avec la même activité, à l'œuvre apostolique de chaque jour, se bornant à dire, dans l'intimité, aux pères suprêmes : *Ma remarque subsiste.*

Ajoutons, du reste, qu'Enfantin, à qui s'adressaient particulièrement les témoignages de dévouement illimité et de subordination excessive, ne montrait pas moins d'affection paternelle et d'estime à ses disciples préoccupés du maintien de leur indépendance personnelle, qu'à ceux qui aspiraient ardemment à confondre leur personnalité avec la sienne.

Un néophyte, qui devait marquer, à coup sûr, parmi les *indépendants*, Pierre Leroux, fit, à ce moment, sa profession de foi solennelle. Un article, signé de lui dans *le Globe* du 18 janvier, renfermait les passages suivants :

« Saint-Simon, frappé vivement de l'aspect du journal et de sa tendance définitive, crut un moment qu'il y avait peu à faire pour élever et faire servir l'idée du *Globe* à sa propre conception. Il désira à cet effet une entrevue avec les deux fondateurs du journal; mais le temps n'était pas mûr, on ne s'entendit pas; l'homme de génie avait vu plus loin et plus vite que les deux rédacteurs dans les conséquences de leur marche et dans la portée de leurs idées... A mesure que l'heure irréparable d'asseoir grandement l'état transitoire que nous concevions s'écoulait dans une inertie impuissante ou dans des tâtonnements rétrogrades, notre goût pour la lutte passionnée et pour l'attaque immédiate diminuait. Le souci croissant qui nous irritait contre l'ordre présent, désormais manqué et mesquin, se convertit en une aspiration confiante vers un état organique que nous avions cru fort éloigné d'abord, mais dont les fautes des gouvernants, dans cette crise, avaient de beaucoup rapproché l'avénement. Une doctrine jeune et pleine d'ardeur, le saint-simonisme, se proclamait de tout côté autour de nous comme possédant la solution définitive et la clef de l'avenir. Plus d'une fois auparavant, nous avions approché de cette doctrine; et, de ces communications imparfaites, il nous était resté du moins, pour elle et pour ceux qui la cultivaient, un sentiment profond de sympathie et d'estime. Cette fois les promesses de la doctrine perfectionnée étaient plus attrayantes que jamais; l'inspiration religieuse s'y était mêlée à l'industrie et à la science pour les unir et les féconder. Les derniers événements d'ailleurs nous avaient appris à ne plus désespérer du progrès, quelque lointain qu'il parût, et à croire au règne, tôt ou tard nécessaire, des idées les plus vraies et des sentiments les plus larges. Nous interrogeâmes de plus près la doctrine; et à mesure que nous la connûmes davantage, nos doutes et nos objections sur sa vérité essentielle et sa mise en pratique s'évanouirent successivement. L'émancipation complète de la classe la plus nombreuse et la plus pauvre, le classement selon la capacité et les œuvres avaient de tout temps été pour nous des croyances d'instinct, des idées confuses et naturelles, pour nous qui sommes du peuple, et qui prétendons ne valoir qu'autant que nous sommes capables et que nous faisons. Un tel dogme achevait de nous révéler à nous-mêmes notre pensée et répondait à la prédisposition de notre intelligence, à tous les désirs de notre cœur. Les moyens pour atteindre au but nous parurent loyaux autant qu'efficaces, pacifiques, persuasifs, tels enfin que le principe dominant de liberté n'avait ni droit ni pouvoir pour les restreindre ou les interdire. Dès lors notre résolution fût prise, et nous n'hésitâmes pas à transporter franchement et ouvertement *le Globe*, du terrain mouvant de la critique, sur la base positive où il se pose aujourd'hui. Nous crûmes en cela être logique non moins que sincère, aboutir aux conséquences rigoureuses de nos idées, et consommer la réalisation de la pensée première qui présida au journal. Car, nous y insistons, il y a, depuis le premier numéro du *Globe* jusqu'au dernier, dans sa pensée première, dans le but général qu'il poursuivait, dans une portion constante de sa direction et de ses travaux, une raison profonde pour qu'il ait suivi la marche qu'il a suivie, pour qu'il ait passé par ses transformations diverses et pour qu'il soit aujourd'hui aux mains dans lesquelles il est. Sa gravitation a été invariable, quoique souvent contrariée dans son cours et sujette à des rebroussements. Il a mis six ans à parcourir l'intervalle que le génie de Saint-Simon voulait, il y a six ans, lui faire franchir du jour au lendemain. Voilà ce que, dans notre position personnelle, il nous a paru convenable d'expliquer au public, et ce que le public lui-même ne trouvera peut-être pas inutile de méditer.

» P. Leroux. »

Ainsi, par les évolutions progressives d'un esprit transcendant, sincèrement et ardemment appliqué à la recherche des moyens d'améliorer la famille humaine, le journal favori de l'éclectisme devenait le *Moniteur* de la doctrine saint-simonienne. Cette transformation était un événement d'immense portée pour la foi nouvelle, qui donnait par là un appui quotidien à son organe hebdomadaire, et dont la propagation orale s'étendait d'ailleurs avec rapidité dans les divers quartiers de la capitale [1], en même temps qu'elle envahissait la province et qu'elle allait franchir la frontière.

1. *Le Globe* du 24 janvier 1831 publiait, sous le titre d'*annonces*, le tableau suivant :

RELIGION

SAINT-SIMONIENNE.

PRÉDICATIONS.

Salle Taitbout, rue Taitbout, n° 9	Tous les dimanches, à midi précis.

ENSEIGNEMENTS.

Grande salle du Prado, galerie en face du Palais de Justice	Tous les *lundis* soir, à 7 heures et demie. Tous les *mercredis*, à 1 heure et demie.
Salle de l'Athénée, place de la Sorbonne, n° 2	Tous les *jeudis*, à 1 heure et demie. Tous les dimanches, aura lieu, dans la même salle, un autre enseignement, qui sera ultérieurement annoncé.
Salle de la Redoute, rue de Grenelle-Saint-Honoré, n° 45	Tous les *samedis* soir, à 7 heures et dem.

Écoutons maintenant Enfantin retraçant lui-même à Rességuier ce vaste mouvement de propagation.

29 janvier 1831.

« Cher fils, votre frère Margerin est parti avant-hier, chargé de porter notre parole en Belgique ; il est accompagné de Carnot, Dugied et Leroux, et a la direction de cette importante mission. D'ici à quelques jours, lorsque nous aurons de leurs nouvelles, nous enverrons probablement Laurent et peut-être avec lui un renfort du troisième degré, pour les aider à tenir en même temps Bruxelles et Liége. Nous ne nous promettons pas de grands résultats en Belgique même, mais le contre-coup en France ne saurait manquer d'être très-favorable. Il était bien que vous fussiez informé de cette œuvre politique, l'une des plus larges que nous ayons encore entreprises, et j'ai voulu vous donner moi-même cette nouvelle, le jour où je suis définitivement délivré des travaux du vieux monde, pour que la première parole que vous recevrez de moi, depuis nos lettres qui vous ont affligé, et qui vous étaient si nécessaires, soit agréable à votre cœur.

» *Le Globe* produit chez vous l'effet attendu, les bourgeois s'en effrayent ; ils le jugent comme ils jugent la doctrine, quand ils la voient à découvert. Ceux qui vous témoignaient encore quelque confiance s'éloignent, dites-vous; c'est une preuve qu'ils vous connaissent un peu mieux; nous vous avons signalé plus clairement à eux; c'est un bien, car nous ne pouvons pas nous faire illusion sur l'opinion que doivent avoir de nous les éteignoirs; ceux qui nous traitent bien, c'est qu'ils nous croient libéraux, bourgeois et égoïstes comme eux, dès qu'ils s'aperçoivent qu'ils se sont trompés, ils doivent crier, et c'est bon signe; si ceux-là ne criaient pas, c'est que nous ne mériterions pas l'approbation et l'amour des forts.

» Toulouse nous remplit de joie; il nous serait agréable d'avoir sous les yeux quelques-uns des travaux. Nous vous avons donné pouvoir d'élever au troisième degré ceux des enfants du Midi qui se distingueront. Hennoque ne sera bientôt plus le seul, nous l'espérons, puisque les autres ont fait et vont faire des enseignements : l'homme qui enseigne la doctrine doit être saint-simonien.

» D'Eichtal a accusé réception à Bouffard de son envoi. Nous vous recommandons, pour le vôtre, promptitude; par conséquent, autant que possible, *argent par la diligence* ou effets à vue; surtout n'endossez pas en blanc si vous envoyez des effets;

perdus à la poste, ces effets pourraient être encaissés par d'autres que par nous.

» Il est indispensable, cher fils, que vous refassiez bientôt un voyage à Paris; la doctrine marche avec une telle rapidité, que vous avez besoin de la voir de près pour bien la reconnaître; elle nous étonne nous-même, nous qui la voyons grandir chaque jour. Si vous pouviez comparer la disposition du public, à la Sorbonne et rue de Grenelle (il y a cinq à six cents personnes, et en général des jeunes gens), et rue Taitbout, avec celle des réunions de chez Beautier même ou du Prado de votre temps, vous seriez stupéfait. — La leçon de Jules, que vous verrez dans *l'Organisateur* de ce jour, a fait un très-bel effet; celle de Carnot, prononcée hier, a été également reçue on ne peut mieux. Jules a été superbe dans les discussions; Lemonnier, Simon, Charton et, jusqu'au troisième degré, Baud et Guéroult, vont parfaitement aussi. Six personnes entrent mercredi au troisième degré; le quatrième, ou degré préparatoire, en renferme encore plus de trente, et aucune n'entre dans le troisième sans avoir pris connaissance de la lettre que je vous ai écrite sur le diaconat; il fait sa confession sous ce rapport.

» Nous attendons chaque jour Fournel; Reynaud lambine en Corse [1], Transon est toujours un peu souffrant; cela ne l'empêche pas de faire à Versailles, ce soir même, un enseignement à quarante ou cinquante personnes ; il leur a déjà donné une soirée et leur en annonce quelques-unes encore; Simon, Rigaud et Metmann sont allés l'aider aujourd'hui.

1. J. Reynaud avait expliqué ses retards à Enfantin, dans une lettre datée de Bastia, le 14 janvier, et ainsi conçue :

« O mon père! il n'y a que la pensée de votre amour et de votre bonté qui puisse faire luire quelques rayons au milieu de l'atmosphère d'ennui et de tristesse qui m'enveloppe. Que devez-vous penser de moi?... Je ne puis vous rendre l'indéfinissable sentiment de douleur qui me serre le cœur à cette idée : je cherche à me consoler en pensant à la joie que vous éprouverez quand vous verrez votre enfant moins coupable qu'il ne vous le paraît; mais y a-t-il vraiment des consolations quand on est malheureux? Vous êtes là, à Paris, au milieu de tous mes frères, respirant dans leurs regards l'amour et l'espérance, et vous dites : J'ai appelé Reynaud à venir partager notre bonheur. Voilà près de deux mois... En vérité, il ne nous aime pas. De quelles impressions de douleur et même de mépris mon souvenir doit être entouré! De quel front oserai-je me présenter devant vous si cette lettre ne devait me justifier pour le jour où je me jetterai dans vos bras!

» Dès que je reçus la lettre de Transon, qui me rappelait à Paris par votre ordre, je me disposai au départ; j'écrivis au directeur général, demandant ma mise en disponibilité, et bien déterminé dès lors à la prendre, quelle que fût sa réponse. Le courrier suivant m'apporta un mot de Cazeaux qui me disait que l'affaire serait expédiée dans trois ou quatre jours. J'étais tout prêt, mon départ annoncé aux autorités, mes adieux faits à mes amis; vient le mauvais temps. Nous reçûmes encore un courrier, mais il demeura également prisonnier dans le port. C'est dans

» L'aspect de la famille est de plus en plus beau; cependant les femmes arrivent lentement encore; toutes celles qui sont à nous, jusqu'ici, ne nous ont donné le nom de pères, de frères, que parce qu'elles tenaient déjà à nous par les liens d'affection du vieux monde; aucune d'elles ne s'est encore levée

cette impatience de départ, dans cette soif de nouvelles, dans cette fièvre d'incertitude que je passai le mois de décembre. Il faut avoir connu ce tourment de tous les instants pour s'en faire une idée. La mer était affreuse; trois bâtiments avaient péri à la côte presque sous mes yeux, et l'on ne pouvait guère songer ni à recevoir des nouvelles de France, ni à en aller chercher. Sur ces entrefaites, le lieutenant général me proposa de me charger d'une mission pour Gênes. Il mettait à ma disposition un brick de guerre, et la mer devenait un faible obstacle : je balançai un instant et partis. Ma mission pouvait avoir sur l'affranchissement de l'Italie une heureuse influence; et je la considérais comme une œuvre religieuse : en outre, ma complète ignorance de ce qui se passait en France, à cette grave époque, entretenait chez moi une impatience bien naturelle. Voilà huit jours que je suis de retour, et huit jours que je n'ai qu'une idée fixe, celle de voir tomber un peu la mer, pour pouvoir me mettre en route : je m'agite, je m'impatiente, je me tourmente la tête comme un enfant; je me lève dix fois la nuit pour voir la mer, je ne songe qu'à vous, je vous écris de tête vingt fois le jour, et toutes les lettres que je fais me restent sur l'esprit et me suffoquent. Enfin j'ai pris la plume, je vous ai tracé celle-ci que je porterai avec moi jusqu'à Toulon, je la jetterai à la poste et elle vous annoncera mon arrivée. En vérité, si cela durait encore un peu, j'en deviendrais malade. Ah! mon père, quand vos yeux courront sur ces lignes je serai bien près de tomber dans vos bras.

R.

» Je profiterai de votre permission pour marcher droit sans passer par Montpellier. »

comme vous, cher fils, comme plusieurs de nos enfants qui ne nous connaissaient pas, et qui ont su braver les préjugés que nous rencontrions autour de nous. Pour que les femmes agissent ainsi, et le jour n'est pas loin, il faut que la doctrine ait déployé une puissance qui ait fait tomber le ridicule, et qui ne soulève plus qu'une *haine* cachant la *crainte*; alors elles trouveront beau ce qu'elles ne veulent pas même regarder aujourd'hui, parce qu'elles auront voulu voir quels sont ces objets de la colère des égoïstes. Je dis que le jour approche, parce que nous sentons bien que la plaisanterie, le sarcasme diminuent chaque jour; parce que notre conduite étonne, surprend, mais ne fait plus rire; parce que, enfin, l'on ne nous refuse plus généralement cette foi en nous-mêmes, qui est notre titre à l'apostolat, et que nos prétentions à un culte se légitiment de plus en plus aux yeux du public.

» La *pratique* du diaconat, à laquelle vous vous livrez sans doute chaudement, depuis ces lettres, aura, j'en suis sûr, développé en vous l'intelligence de ce que nous vous écrivions; prêchant les autres sur ce magnifique sujet, leur présentant cette dernière *épreuve*, cette *pierre de touche* de la foi saint-simonienne, de la confiance dans l'avenir de la doctrine et dans la volonté des pères, vous aurez vous-même fait des progrès dignes du rang que vous occupez et dont vous avez eu momentanément la faiblesse de nous demander à descendre. Songez que nos fils doivent être tous promptement initiés à ce dernier progrès, sans lequel Encely aurait raison de nous considérer comme des philosophes, et encore, comme des philosophes assez mesquins, dignes tout au plus de figurer au nombre des éclectiques, car les élèves d'Aristote, dit-on, faisaient fort bien vivre leur maître, et les élèves de Voltaire et de d'Alembert consacrèrent souvent de fortes sommes à la propagande critique du XVIIIe siècle.

» Bordillon s'avance chaque jour de plus en plus et fait avancer quelques personnes autour de lui. L'avocat qui va défendre ici Lamennais est un de ses amis, qui va bien; il n'a pas manqué de dire à Lamennais que toutes ses sympathies étaient pour nous, et non pour le catholicisme; celui-ci n'en a pas paru étonné ni fâché, et a parlé avec beaucoup de considération de la doctrine, profitant de cela pour tomber à bras raccourcis sur tout ce qui n'était pas nous. Gerbet et Lacordaire sont dans les mêmes dispositions; ce procès nous fera, j'espère, quelque bien; aussi la discussion qui s'élèvera donnera de bonnes occasions de parler.

Peu de jours après l'envoi de cette lettre au chef de l'Église du Midi, Bazard et Enfantin en recevaient une de Margerin, qui indiquait la position prise et le programme adopté par la mission saint-simonienne en Belgique.

« Mes pères, disait Margerin, Laurent est arrivé ce matin ; je l'ai aussitôt mis au courant de toutes nos affaires. Nous avons causé longuement des prédications ; nous nous sommes fort bien entendus. Dans la première, il prendra énergiquement la crise où se trouve engagée l'Europe, et en particulier la Belgique ; il fera voir l'impuissance du libéralisme et du catholicisme, de la royauté et de la république, pour la faire cesser, et au milieu du désordre universel, il montrera des signes éclatants, précurseurs d'une religion nouvelle. Dans la seconde, il annoncera la religion nouvelle, le nouvel ordre social, la transformation de l'héritage, l'avénement de la femme, etc. Dans la troisième, il abordera l'*utopie;* nous verrons ensuite. — Carnot, de son côté, prépare depuis quelques jours un enseignement en quatre ou cinq leçons, qui concourra, avec la prédication, à donner à la doctrine une manifestation publique, éclatante ; il vous écrira plus tard à ce sujet.

» J'ouvrirai et clorai la mission ; et quelque préoccupation qu'aient pu vous donner les relations élevées que nous avons formées ici, et qui, de loin, ont pu vous paraître un patronage, vous pouvez bien penser, très-chers pères, que la manière dont nous nous *poserons*, devant le peuple belge, ne sera pas le moins du monde de nature à démentir la noble confiance que vous avez eue en nous.

» En même temps que nous nous occupons de la propagation publique et retentissante, nous nous occupons de la propagation individuelle et obscure.

» Nous allons former un degré préparatoire. Voici les noms des personnes qui commencent à en faire partie : Dupectiaux, Chilli, Vanpraet, Chazal, Lignol, Emile Vanlinden, Quetelet, Maréchal, Bouron, Delanes, Hant; la plupart vous sont connus par la lettre de Leroux. Nous pourrions en avoir davantage, mais il vaut mieux choisir un noyau. Ce degré sera sous la conduite de Dugied et Leroux. Il recevra à notre domicile, à des jours marqués, un enseignement particulier.

» Nous ne savons encore rien de positif sur la détermination du ministère français relativement à la couronne de Belgique. Si le bruit du refus se confirme, le pays se constituera certainement en république ; les conséquences de ce fait seraient immenses pour nous. Je vous en entretiendrai une autre fois; l'heure avancée m'oblige de clore ma lettre. »

(*Bruxelles, février* 1831.)

Le lendemain de l'arrivée de Laurent, Margerin lui communiqua, ainsi qu'aux autres membres de la mission, un projet de proclamation dont la forme leur parut peu appropriée aux convenances de la situation politique. Laurent, qui n'avait accepté la tâche de la prédication, en Belgique, qu'à la condition de n'y reconnaître, comme à Paris, que la suprématie d'Enfantin et de Bazard, refusa d'apposer sa signature au projet de Margerin; Carnot, Leroux et Dugied en firent autant. La proclamation fut ainsi ajournée, pour être plus tard modifiée.

Quant à la prédication, elle fut vainement tentée pendant plusieurs jours à Bruxelles. L'ombre du duc d'Albe était là, excitant le fanatisme des classes ignorantes, et parfaitement servie par l'intolérance vivace de quelques héritiers des anciens inquisiteurs. Margerin en donna avis aux chefs de la doctrine, dans une nouvelle lettre dont voici un extrait :

» Les sourdes menées du clergé catholique ont

pris depuis quelques jours un caractère plus menaçant. Le bas peuple est soulevé contre nous; chaque soir il s'assemble dans les endroits où il soupçonne que nous devons prêcher[1], et il s'y livre

1. A la même époque, les enseignements saint-simoniens étaient troublés dans les environs de Paris. On lisait dans le *Globe* du 18 février :

« *Versailles :* — L'enseignement de la religion saint-simonienne, qui depuis un mois a lieu tous les vendredis à Versailles, avait été troublé, il y a huit jours, par des clameurs confuses excitées en dehors de la salle. Pour empêcher qu'à la suite de l'agitation populaire de lundi et de mardi derniers, les démonstrations d'un mécontentement fondé sur une méprise, facile à reconnaître, ne devinssent une occasion de graves désordres, il avait été résolu que la séance de cette semaine serait ajournée. Ignorant cette mesure, les instigateurs des premiers troubles ont fait afficher aujourd'hui, dans les différents quartiers de la ville, la proclamation suivante, dont un exemplaire nous a été communiqué par le maire :

» UN RASSEMBLEMENT DE JÉSUITES doit avoir lieu vendredi soir, 18 février 1831, au Gymnase, avenue de Saint-Cloud.

» J'engage les bons patriotes de cette ville à vouloir bien se munir d'armes à feu, et à se transporter au lieu de la conspiration, afin de détruire toute cette canaille-là ; ce qui servira de bon purgatif à Versailles, car il en est empoisonné : on craint très-fort la peste. *A bas les jésuites!* (Cette excitation se produisit à la suite de la manifestation légitimiste de Saint-Germain-l'Auxerrois et du sac de l'Archevêché.)

» *Fait par un ami de la liberté.*

» Ce placard nous prouve, d'une manière évidente, que quelques personnes comptent donner le change à l'opinion de la classe peu éclairée, en s'efforçant d'envelopper les disciples de Saint-Simon dans la haine due au parti jésuitique. Quoi qu'il en soit, notre mission est d'enseigner, et nous l'accomplirons sans dé-

à toutes sortes d'excès. Plusieurs fois de suite, il s'est porté à la Société républicaine de l'Indépendance, et après avoir insulté et chassé les membres, au nombre desquels se trouve M. de Potter, il a brisé les chaises, les tables et les vitres ; il se mêle des scènes atroces à ce désordre. Lundi dernier, des hommes, revenant de faire le dégât, rencontrèrent sur le tard une malheureuse femme ; ils la conduisirent sur la place de l'Hôtel-de-Ville, la dépouillèrent de ses vêtements, l'attachèrent à l'arbre de la liberté, et la fouettèrent jusqu'au sang. La police ne fait rien pour réprimer de semblables excès ; il est évident que le clergé n'agit pas seul. Notre hôtesse a reçu des menaces de pillage et d'incendie ; heureusement elle s'est attachée à nous, et quoique au fond elle ne soit pas fort rassurée, elle continuera de nous garder.

» Samedi dernier, avant que les troubles fussent devenus sérieux, je passai la soirée avec le ministre de l'intérieur et causai longuement avec lui des moyens de nous établir en Belgique. Il me laissa voir les dispositions les plus favorables ; à ce point que, sur son invitation, je déposai entre ses

tourner nos regards, laissant à la police le soin de chercher à lever le voile dont se couvrent les auteurs de pareilles attaques, tentées injurieusement au nom de la liberté. »

mains une demande tendant à ce que l'église des Augustins, actuellement sans destination, nous fût accordée, pour servir au libre exercice de la religion saint-simonienne. Le lendemain, je vis les plans de l'église avec l'architecte du gouvernement. Nous ne pûmes y entrer, parce que, pendant la guerre, elle a été transformée en ambulance, et que le président de la commission des secours, Ducpétiaux, de qui elle dépend momentanément, se trouvait à Paris. Le lundi soir, je revis le ministre; il y avait eu du bruit la veille, il y en avait eu le soir même; il me dit que, sans retirer d'aucune manière les offres qu'il m'avait faites, il me conseillait et même me priait avec instance de renoncer pendant quelques jours aux prédications, afin de laisser s'apaiser l'effervescence populaire, qu'il croyait pouvoir répondre que plus tard l'église des Augustins nous serait accordée.

» Les choses étant ainsi, pour ne pas perdre de temps, je vais partir pour Liége avec Laurent et Leroux, afin de pouvoir parler publiquement. Parler à Liége, ce sera encore parler à Bruxelles. Je laisse ici Dugied et Carnot, pour la conduite du degré préparatoire. Il y a dans ce degré des hommes d'une grande espérance; quelques-uns ont déjà le mot de père sur les lèvres. Nous avons reçu dernièrement plusieurs dames anglaises, conduites par M. Toussaint. Du degré préparatoire elles ont passé la soirée avec nous à parler de doctrine; par elles nous aurons encore d'autres dames. »

(*Bruxelles, février* 1831.)

Les troubles mentionnés dans la lettre de Margerin donnèrent lieu à une pétition que les membres de la mission saint-simonienne crurent devoir adresser aux représentants du peuple belge, et qui provoqua les explications de l'autorité à la séance du congrès du 19 février. Nous empruntons au procès-verbal de cette séance les détails qui suivent :

« Congrès. (Présidence de M. de Gerlache.) Séance du 19 février.

» Le président annonce que MM. Margerin, Laurent, Carnot, Dugied et Leroux ont adressé une pétition au congrès pour demander, en faveur de la doctrine, l'exécution de l'article de la constitution qui garantit la liberté des cultes et de l'enseignement.

» Voici la pétition des saint-simoniens au congrès national :

« AU CONGRÈS NATIONAL :

» Nous professons une religion nouvelle, nous sommes venus dans votre pays pour l'annoncer.

» Vos lois consacrent la liberté des cultes et la libre manifestation des opinions en toute matière. Nous devions donc nous attendre à pouvoir prêcher librement notre doctrine.

» Il n'en a pas été ainsi. Des influences, qu'il ne nous appartient pas de qualifier, nous ont empêchés de réunir et d'enseigner les hommes qui voulaient entendre notre parole.

» C'est aux fondateurs de la liberté de la Belgique que nous en appelons, pour faire lever les obstacles qui nous environnent. C'est à vous, messieurs, de faire respecter votre œuvre et de nous faire jouir du bienfait de vos lois.

» Nous n'invoquons pas l'hospitalité, qu'en des temps barbares même les nations généreuses regardèrent comme sainte et sacrée, car pour nous, et c'est un des principes de notre foi, les frontières, traditions de la barbarie, doivent cesser de séparer les hommes, et nous ne nous croyons étrangers nulle part.

» Nous venons donc vous demander, messieurs,

d'intervenir près du gouvernement, à l'effet d'assurer à notre culte le libre exercice que l'article de votre constitution garantit indistinctement à tous.

» Recevez, messieurs, l'assurance de notre haute considération.

» MARGERIN, LAURENT, CARNOT,
DUGIED, LEROUX. »

M. Plaisant, administrateur de la sûreté générale, appelé par le congrès à donner des explications sur les troubles qui ont eu lieu, dit que la police n'a rien fait pour empêcher les saint-simoniens d'enseigner la nouvelle doctrine, et il ajoute : « Il y a eu des menaces, mais j'ignore encore d'où elles sont émanées. J'espère parvenir à en découvrir la source. Hier, j'ai écrit la lettre suivante à M. Margerin :

« *L'administrateur de la sûreté publique à*
» *M. Margerin, chef de la mission saint-si-*
» *monienne en Belgique.*

» Monsieur,

» J'ai vu avec peine, dans les journaux de ce
» matin, que l'on attribuait à la police les entraves

» qui ont empêché la prédication saint-simonienne » annoncée pour hier au soir. J'ai fait vérifier si » cette allégation était fondée, et je me suis assuré » qu'il n'en était rien.

» Pour éviter à l'avenir les obstacles que l'on » pourrait encore élever, aussi bien que les désor- » dres que la malveillance pourrait provoquer, j'ai » l'honneur, monsieur, de vous prier de vouloir » bien nous faire connaître le lieu et le moment » des prédications publiques. Je saurai faire prendre » des mesures suffisantes pour vous assurer l'exer- » cice d'un droit qui, dans un pays libre, appartient » à toutes les doctrines qui ne provoquent point à » la désobéissance des lois ; d'un droit que nos in- » stitutions reconnaissent et qu'il est de mon de- » voir de protéger.

» Recevez, monsieur, l'assurance de ma parfaite » considération.

» Isidore PLAISANT. »

» L'assemblée satisfaite passe à l'ordre du jour. »

Bien que défendus par la presse libérale[1] tout

1. « Les prédications de la religion nouvelle, disait une feuille belge, ont déjà occasionné des troubles assez graves. Elles paraissent devoir en occasionner encore ; car hier soir le peuple a troublé la séance de la Société de l'Indépendance belge, croyant que c'était une réunion saint-simonienne.

» Nous sommes loin d'approuver *tous* les principes de Saint-

entière et protégés par les organes de la puissance publique, les saint-simoniens ne purent parvenir à se faire entendre publiquement à Bruxelles, et ils quittèrent cette ville pour aller prêcher et enseigner à Liége, après avoir fait afficher sur les murs, et insérer dans les journaux de la capitale de la Belgique, la proclamation suivante :

22 février 1831.

« RELIGION SAINT-SIMONIENNE.

» Belges,

» Vous avez glorieusement conquis la liberté; mais vous êtes demeurés en proie à des misères sans nombre.

» La discorde règne parmi vous; vos provinces sont menacées, un grand nombre d'entre vous manquent de pain, de vêtements et d'asile, et sont privés de tous moyens d'instruction et d'amélioration morale.

» Ces maux sont aussi ceux de la France et de l'Europe tout entière.

Simon, et même le but politique de ses disciples; nous désapprouvons bien davantage encore les formes religieuses dont ils enveloppent leur doctrine; mais nous déplorons ces scènes de troubles, parce qu'elles portent atteint· aux droits sacrés de la liberté des opinions et des individus. »

» L'ancien ordre social s'écroule de toutes parts. Les nations sont dans l'attente d'un ordre social nouveau.

» Belges, nous avons senti vos douleurs, et c'est pourquoi nous sommes venus vous annoncer, au nom de Saint-Simon, la religion nouvelle.

» Toutes les institutions sociales auront pour but l'amélioration la plus rapide de la condition morale, intellectuelle et matérielle de la classe la plus pauvre et la plus nombreuse.

» Tous les privilèges de la naissance seront abolis sans exception.

» Chacun sera classé selon sa capacité et rétribué selon ses œuvres.

» Il n'y aura plus sur la terre qu'une seule race, une seule nation, une seule famille.

» Cependant des hommes, aveuglés par le fanatisme et la superstition, se sont par trois fois placés entre vous et nous. Notre parole n'a pu se faire entendre.

» Ils ont semé l'injure et la calomnie, afin de nous faire passer pour des ennemis du peuple, et d'exciter contre nous sa fureur et sa haine.

» En vain nous nous sommes adressés au congrès et au gouvernement, afin d'en obtenir pour notre culte le libre exercice que l'article 14 de votre constitution garantit à tous. La loyale et franche intervention du congrès et du gouvernement n'a pu triompher des obstacles suscités contre nous.

» Belges, que vous a donc servi de verser votre sang dans les journées de septembre, si ceux qui veulent vous sauver ne peuvent arriver jusqu'à vous?

» Mais nous saurons surmonter les obstacles qu'on nous oppose; nous sortirons victorieux de toutes les épreuves qui nous sont réservées, et nous remplirons la mission que nos pères nous ont confiée; encore un peu de temps, et la parole saint-simonienne retentira par toute la Belgique.

» Bruxelles, le 22 février 1831.

» Margerin, Laurent, Carnot, Dugied, Leroux. »

Le peuple de Liége fut moins facile que celui de Bruxelles à se laisser entraîner à la violence. Il se sentait Français par son origine, par sa langue, par ses mœurs et par ses aspirations. Les missionnaires saint-simoniens trouvèrent là des amis chaleureux. Leroux avait eu de bonnes relations avec la plupart des libéraux que la révolution belge venait de mettre en évidence, avec Charles Rogier, entre autres. Cet homme d'État, dont la réputation et l'influence, alors naissantes, devaient grandir si rapidement et si légitimement, ne craignit pas de compromettre sa popularité parmi les catholiques, ses alliés de *l'Union libérale*, en s'asseyant à la table des disciples de Saint-Simon.

L'un des fonctionnaires éminents de Liége, le recteur de l'Université, mit une vaste salle à la disposition des apôtres de la foi nouvelle. La première prédication fut annoncée. Alors le parti, dont l'*épée a sa poignée à Rome et la pointe partout*, voulut faire acte de présence et témoigner de son ubiquité. Des placards menaçants furent affichés, portant sommation aux saint-simoniens de garder le silence et de sortir de la ville. Des étudiants, en grand nombre, vinrent offrir au prédicateur de lui servir d'escorte. Ils furent remerciés et priés de conserver, en face des menaces cléricales, une attitude résolûment pacifique. La prédication eut lieu, au jour indiqué par les journaux, et elle ne fut interrompue que par des marques d'adhésion et de sympathie. Margerin en rendit compte, en ces termes, aux chefs de la doctrine :

Liége, mars 1831.

« Laurent a prêché hier soir devant quinze cents personnes; l'effet a été immense. L'ordre n'a pas été troublé un seul instant, et quand le prédicateur eut cessé de parler, l'assemblée, plongée dans un religieux silence, écoutait encore, et ce n'est qu'après quelques instants, qu'elle a fait éclater son adhésion par un tonnerre d'applaudissements. Nous ne pensons pas que le moment soit venu de réprimer ces marques d'une joie païenne, nous le ferons quand il sera temps. Les personnes les plus considérables de la ville assistaient à la séance : M. de Gerlache, le nouveau président du conseil, le procureur général, le recteur de l'université, etc., etc.; il y avait aussi de pauvres ouvriers, vêtus de blouse, des femmes du peuple, des enfants; les étudiants, les bourgeois formaient le plus grand nombre. A voir la physionomie de l'assemblée après la séance, on pouvait juger facilement que la plupart emportaient en eux une impression profonde. »

Cette prédication fut bientôt suivie d'une seconde que le public n'accueillit pas avec moins de faveur.

Pendant que la mission de Belgique poursuivait ainsi son œuvre à Liége, et qu'elle se créait des relations dans les villes voisines, les pères suprêmes s'occupaient, à Paris, de régulariser et d'activer de plus en plus le mouvement hiérarchique dans tous les degrés de l'apostolat, d'organiser des maisons d'ouvriers selon les principes de la doctrine.

Le 9 mars 1831, dans une réunion générale de la famille, Enfantin prononça l'allocution suivante :

« Enfants de Saint-Simon, vous tous nos fils et nos filles, vous qui portez en vos mains l'avenir de l'humanité, nous vous avons réunis pour proclamer, au milieu de vous, les progrès que vous avez accomplis jusqu'à ce jour.

» Or, voici le double signe de ces progrès :

» Les liens de notre famille se sont resserrés, le nombre de ses membres s'est accru, et notre parole, notre influence grandissent et s'étendent sur le monde.

» Chers enfants ! c'est de vous d'abord, c'est de *l'intérieur* de notre sainte famille que nous voulons vous parler.

» Soyez fiers, vos pères sont contents de vous.

» Au nom de Saint-Simon NOTRE PÈRE, nous, FILS DU DIEU VIVANT, qui nous a donnés au monde, et qui a confié le monde à notre amour, nous, VOS PÈRES, près de la famille humaine, nous venons proclamer, par notre parole suprême, les ÉLECTIONS qui ont rapproché de nous plusieurs de nos enfants.

» DEGRÉ PRÉPARATOIRE. — *Fuster* et *Duguet*,

et vous OLLIVIER leur père, votre mission est grande : les clefs de la cité nouvelle sont en vos mains ; l'humanité tout entière se pressera bientôt vers cette porte sainte qui aujourd'hui vous est confiée ; vous l'avez ouverte à plusieurs de vos fils qui vous en ont rendu grâce ; vos pères vous bénissent.

» 3e DEGRÉ. — *Lesbaseilles*, — *Bonamy*, — *Robinet*, — *Béranger*, — *Séguin* — sont membres du 3e degré. TALABOT et LAMBERT, chefs du 3e degré, vos fils ont grandi à mesure que s'élevait le degré préparatoire, et vous avez présenté à vos pères, comme dignes d'être vos frères, vos fils :

» BAUD, PÉREIRE, RIGAUD, GUÉROULT, DUGUET et FUSTER.

» Ils sont membres du 2e degré. Et nous, par les soins de notre très-chère fille CLAIRE, nous vous avons donné pour sœurs, à vous, à vos frères, et pour mères à vos fils, à nos filles.

» CAROLINE SIMON, MARIE TALON, PALMYRE et CLAIRE.

» Elles sont membres du second degré.

» 2e DEGRÉ. — CHARLES et JULES ! deux de vos fils ont mérité de s'asseoir près de vous au *collége* : TALABOT et DUGIED. Ce dernier, dans la glorieuse mission de notre très-cher fils MARGERIN, a montré le dévouement, l'intelligence et l'énergie de l'apostolat.

» TALABOT et DUGIED sont membres du collége.

» La direction du 3e degré, confiée jusqu'ici à TALABOT et LAMBERT, est remise à SIMON et LAMBERT.

» CLAIRE, votre fille CÉCILE FOURNEL nous a donné sa vie tout entière.

» Membres du collége! CÉCILE est votre sœur; et vous tous, enfants! elle est votre mère.

» CÉCILE, vous participerez, avec CHARLES et JULES, à la direction du 2e degré.

» Et vous, CLAIRE, vous qui la première entre toutes les femmes, avez consacré et consacrez sans cesse votre vie à l'accomplissement des promesses faites par Saint-Simon à l'humanité; vous, femme, qui n'êtes plus seule au milieu des apôtres de la foi nouvelle, vous qui puisez de nouvelles forces dans les progrès de vos filles, nous vous avons appelée à partager avec vos frères RODRIGUE et MARGERIN, le rang auquel nous les avons élevés [1]. Chaque fois

1. Nous avons cité, à propos de la création du conseil privé, la première partie d'une note d'Enfantin, du 5 janvier 1833, laquelle constate le déplaisir manifesté à cette occasion par quelques membres du collége. Voici la fin de cette note, s'appliquant à l'effet produit par l'entrée de madame Bazard dans ce conseil :

« Plus tard (9 mars 1831), dit Enfantin, Claire fut appelée au conseil privé, lorsque Cécile entra dans le collége; l'importance

que les soins du gouvernement de la famille saint-simonienne s'opposeront à ce que nous puissions faire entendre notre parole à nos enfants, c'est par vos frères et par vous qu'ils connaîtront notre volonté. Vous formez avec nous le conseil où se préparent les destinées de la doctrine.

» Or ce sont les destinées du monde. »

Après cette installation des membres de la famille, dans leurs postes respectifs, les pères suprêmes procédèrent à l'organisation administrative d'une maison saint-simonienne où furent établis divers ménages d'ouvriers Nous reproduisons les instructions qui furent publiées à ce sujet dans *l'Organisateur*.

du rôle qu'elle remplissait dans la famille, mais surtout la nécessité de la présence d'une femme au milieu des discussions que nous allions agiter entre nous sur les femmes, justifiaient assez ce choix, et pourtant il fut également assez mal compris. Laurent et Jules avaient peu senti le premier (celui de Margerin surtout); d'autres virent le second avec peine. »

Nous verrons plus tard que Margerin justifia beaucoup moins la confiance des pères suprêmes que le déplaisir de ses frères du collége.

LE PÈRE (BAZARD-ENFANTIN)

« A nos fils, A nos filles,

SIMON et LAMBERT, CAROLINE (Simon) et MARIE (Talon),

» Chers enfants, nous vous avons confié la direction de la maison saint-simonienne. — Nous comptons sur vous.

» Aimez vos pères, aimez-vous, chérissez les enfants que nous vous avons donnés, vous savez que telle est notre loi.

» Tout en vous doit être un enseignement vivant de notre sainte hiérarchie.

» Votre père Fournel a la haute direction de votre maison ; c'est par lui que vous serez unis à nous.

» Vous avez vu hier encore, par l'élection de votre père Cazeaux près de son frère Michel pour la direction du *Globe*, et vous avez compris, par tout ce qui a été dit dans les degrés à cette occasion, combien nous tenons à se voir former, pour toutes les *fonctions*, des *couples*. L'état d'imperfection où nous sommes encore ne permet pas de réaliser, dans le sein de la hiérarchie, le couple sacré de l'homme et de la femme, et Dieu, par nous, vous enseigne que l'humanité doit d'abord apprendre la vie de l'homme avec la femme, et de la femme avec la femme, pour passer du monde d'antagonisme, qui nous entoure, au monde d'union et d'amour que Saint-Simon est venu fonder.

» Vos enfants, en se réunissant autour de votre table, doivent voir dans la place même que vous occupez le symbole de la parole que vos pères vous adressent ici.

» Or voici les places :

CAROLINE

LAMBERT SIMON

MARIE

» Ainsi, lorsque Simon et Caroline, ou Lambert et Marie s'absenteront, la famille sera toujours régulièrement présidée.

« Comme Lambert ne pourra pas toujours être présent, nous aurons soin de choisir un de vos frères pour occuper sa place, lorsqu'il ne pourra pas la remplir, et nous vous recommandons à vous-mêmes de nous aider dans ce choix, en en faisant un objet de désir pour nous.

» Chers enfants, vos pères vous embrassent. »

Madame Bazard, à qui les pères avaient dit : *Donnez-nous des filles*, remplissait cette tâche difficile avec beaucoup de dévouement et de tact apostolique ; mais ses succès n'étaient pas aussi rapides qu'elle l'avait espéré. Quelques lignes d'un rapport, qu'elle adressa vers ce temps aux chefs de la doctrine, suffiront pour faire comprendre combien l'affranchissement de la femme, et son élévation sociale, offraient d'obstacles et exigeaient de sollicitude pratique et de constance religieuse.

« Je n'ai rien fait encore, mon père, disait madame Bazard; je n'ai réalisé aucune de vos espérances, mon père ; celles dont vous m'aviez dit de développer l'amour, d'éclairer l'esprit, de diriger les efforts, elles sont encore ce qu'elles étaient lorsque vous les avez remises entre mes mains; et pourtant de nobles qualités distinguent ces filles de votre choix ; et si elles n'ont point avancé autant que je l'aurais voulu, c'est moi que je dois en accuser, *car c'est au supérieur à élever l'inférieur*.

» La hiérarchie pour nous est un vain mot, elle ne porte aucun fruit ; nos réunions se passent dans le tumulte et le désordre ; c'est un chaos dans lequel il serait impossible de reconnaître les inférieures de la supérieure, car la mère ne sait imposer le respect aux enfants, les enfants ne savent point se soumettre à la mère. Ainsi que des esclaves qui ne peuvent entre eux reconnaître aucun rang, ainsi entre nous, nous ne savons ni commander ni obéir. La dignité et la puissance, nous ne les reconnaissons que dans le maître ; l'obéissance et le respect, nous ne les éprouvons que pour le maître, et le maître, pour nous, c'est l'homme.

» Nos réunions ne sont presque, jusqu'à présent, qu'une parodie de ce que nous vous voyons faire ; elles n'ont point de but arrêté ; nous vous suivons seulement pour vous suivre. Faibles échos de vos glorieux chants, nous les répétons, non parce qu'ils sont le pacte saint qui doit lier tous les hommes, mais parce qu'ils nous flattent nous-mêmes, mais parce que c'est vous qui les improvisez.

» Dans nos travaux, qui n'ont encore d'autre règle que nos caprices, nous ne nous occupons ni de Dieu ni de l'humanité ; nous n'avons pu nous élever encore jusqu'aux sympathies générales, car il faudrait auparavant que notre conversion fût complète ; c'est toujours de nous personnellement que nous nous occupons, c'est toujours à un seul personnellement que nous nous adressons. En face de tous nos frères qui souffrent, nous ne savons parler que de nos propres douleurs, et vos sublimes pensées au bonheur de tous, nous venons à bout de les resserrer dans le cercle étroit de notre bonheur personnel, bonheur dont nous ne savons encore chercher la source et le but qu'en nous-mêmes. Enfin nos souffrances et nos joies ne sont pas les souffrances et les joies de nos frères ; en un mot, nous n'avons pas encore revêtu cette haute personnalité sociale à laquelle Saint-Simon nous a appelées.

» Mon père, ces filles que vous m'aviez confiées, elles étaient les plus tendres, les meilleures des femmes d'aujourd'hui ; c'était à moi de développer pour *tous* l'heureuse vocation qui nous les avait données ; c'était à moi de transformer cette personnalité du vieux monde, dont les dégoûts et les douleurs avaient tant contribué à les amener à nous. Hélas ! je le dis avec un profond repentir, si elles sont toujours bonnes et tendres, comme au jour où vous me nommâtes leur mère, je ne puis me glorifier avec elles d'aucun progrès ; elles sont attirées sans doute vers la doctrine, mais elles ne l'aiment point encore assez, car elles ne la comprennent et ne la réalisent pas. »

Enfantin n'était pas homme à se laisser ébranler et arrêter, dans ce qu'il considérait comme la partie principale de sa mission, par la franchise peu encourageante de la femme [1] qu'il avait donnée pour mère à toutes ses filles. Il n'y vit qu'une raison de plus de redoubler d'ardeur dans son œuvre émancipatrice; et partout où il crut les espérances affaiblies, il s'efforça de les relever par une plus grande manifestation de sa suprême confiance. Qu'on lise plutôt ce qu'il écrivait à Rességuier, le 26 mars 1831 :

« Arrivons à Hoart; son éloignement de Toulouse nous peinerait. La guerre n'est pas déclarée; je ne sais donc pas pourquoi on n'accepterait pas sa démission; il lui suffirait de la présenter, j'en suis certain, pour qu'on y consentît; dans tous les cas même, il faut l'offrir; je ne comprendrais pas qu'il pût ne pas faire au moins cette protestation qui, je le répète, aura l'effet que nous désirons, c'est-à-dire, lui fera retirer ses épaulettes; il y a

1. Les franches doléances de madame Bazard renfermaient un enseignement, à savoir, que les idées, susceptibles d'application dans l'esprit du libérateur enthousiaste des femmes, devaient être lentes à mûrir chez les femmes elles-mêmes, et que l'égalité sociale des deux sexes resterait longtemps encore à l'état de prophétie, sinon d'utopie. D'autres enseignements de même nature viendront s'ajouter à celui-ci, et Enfantin, amené à reconnaître que l'heure du couple législateur n'a pas sonné pour lui, persévérera toutefois à se montrer heureux et fier d'avoir accompli du moins l'œuvre du prophète et du précurseur. Il l'écrira plus tard lui-même à sa mère.

beaucoup d'hommes et d'hommes généreux qui n'ont rien de mieux à faire aujourd'hui que de tirer le canon; mais Hoart, c'est autre chose; un homme qui a propagé comme lui la doctrine de l'avenir, qui a rendu, malgré tant d'obstacles, des services comme les siens, celui-là peut et doit faire mieux. Il faut d'ailleurs, de toute nécessité, que Bouffard vienne nous voir; vous avez tous besoin d'être réchauffés, par le baiser paternel; vous nous parlez d'un silence d'un mois, de vacances, de congé, de repos, comme un juge de féries; vous vous condamnez à fermer la bouche, à rester coi dans une ville où il y a, je crois, plus de quarante mille âmes. C'est terrible à lire dans la lettre d'un père, lorsque nous cherchons ici les moyens de parler tous les jours, toutes les heures, dans tous les quartiers, à toutes les classes; lorsque nous préparons des missions à toute la France. Vous êtes tièdes, chers enfants, comme le soleil d'automne à Londres; il y a dans vos cœurs des brouillards du vieux monde qu'il faut absolument chasser; votre vie n'est pas toute à l'œuvre sainte que nous avons la gloire de commencer, que nous verrons, de nos propres yeux, grande et belle, si nous travaillons avec ardeur.

» Je vous disais que quelqu'un de vous avait besoin de venir nous voir, et ce qui nous le prouve surtout, c'est que vous n'ayez pas pu encore former à Toulouse une *maison* saint-simonienne sur le modèle de la nôtre, je dirais presque des nôtres, car Simon va en former une autre pour le troisième degré. — Et ce moment, où vous ne parlez que de vous reposer tous pendant un mois, vous auriez dû le consacrer à des missions dans quelques-unes des villes importantes du Midi ; Montauban et Perpignan s'occupent de nous ; deux ou trois de vos fils, détachés vers chacune de ces villes, feraient merveille. Mais vous êtes si mal placés pour juger du progrès général de la doctrine, et par conséquent de la disposition où l'on est partout, sinon à l'adopter, du moins à l'entendre, que ces idées de propagation ne vous agitent pas, comme nous, nuit et jour. Je suis sûr que plusieurs d'entre vous seraient de force à ne pas oser parier que, dans un siècle, la doctrine sera réalisée; ils sont sur ce point aussi avancés que Buchez ; or, ce n'est réellement pas la peine d'être religieux et de se soumettre à une hiérarchie, pour être aussi incrédule qu'un athée, qu'un hérétique : n'avoir pas foi en nous, et dans l'appétit du monde pour la doctrine, c'est douter de soi-même, et avec un pareil doute, on ne marche pas.

» Barrault nous écrit de Bruxelles, où il ne

pourra pas prêcher encore cette fois. Aujourd'hui même, il aura probablement prêché à Liége où Carnot a fait trois leçons fructueuses. Quand Barrault sera resté environ quinze jours, et si la guerre, qui est tout à fait imminente, le permet, Laurent retournera et Barrault reviendra. Margerin va également revenir; Carnot rentrera aussi quelques jours après. Les degrés préparatoires de Bruxelles et Liége s'organisent bien. »

Les manifestations hostiles que l'enseignement saint-simonien avait rencontrées à Bruxelles et à Versailles, pendant le mois de février, se produisirent à Paris, à la fin de mars, à la salle de la *Redoute*, et elles prirent un caractère assez grave pour que le maire du 4e arrondissement se crût obligé d'en donner avis à M. le préfet de police, dans une lettre ainsi conçue :

« Monsieur le préfet,

» Toutes les semaines, les sociétaires dits *saint-simoniens* se réunissent dans le local du sieur *Michalet*, rue Grenelle-Saint-Honoré, connu sous le nom de *Redoute*; un orateur y prononce une exhortation morale.

» La séance est chaque fois interrompue et

troublée par des hommes de la classe ouvrière qui m'ont paru envoyés à dessein d'y provoquer du scandale, ce qui ne manque jamais son effet.

» M. Basset, commissaire de police du quartier de la Banque, m'a expliqué le motif de cette provocation. Il paraît qu'une famille influente du huitième arrondissement, qu'il m'a nommée, mais dont j'ai oublié le nom, voit avec un vif mécontentement qu'un jeune homme, qui lui appartient par les liens du sang, s'est jeté avec enthousiasme dans la nouvelle secte, et qu'il fait de grands sacrifices pour la soutenir.

» Vous jugerez sans doute comme moi, monsieur le préfet de police, *qu'il importe de mettre un terme à ces troubles périodiques qui inquiètent les habitants du quartier, paraissent fatiguer le propriétaire du local*, et tiennent sur pied la police de cette partie de mon arrondissement. Pénétré de cette nécessité, je m'empresse de vous la signaler.

» Le maire du 4e arrondissement,

» CADET-GASSICOURT. »

M. Vivien, préfet de police, fit aussitôt défense au propriétaire et aux principaux locataires de la maison où se réunissaient les saint-simoniens de leur prêter leur local, et il enjoignit au commissaire de police de faire au besoin évacuer la salle. Le *Moniteur* du 1er avril publia cette note :

« Depuis longtemps la réunion de la société saint-simonienne occasionnait tous les samedis soir, dans le local du *Tivoli d'hiver*, de nombreux rassemblements suivis de graves désordres. Les voisins se trouvaient souvent obligés de fermer leurs magasins, et l'alarme se répandait dans tout le quartier.

» Le propriétaire a lui-même porté plainte contre ses locataires ; et sur les réclamations de M. Cadet-Gassicourt, maire du 4e arrondissement, M. le préfet de police, dans l'intérêt de la tranquillité publique, vient de prendre un arrêté qui interdit à l'avenir toute réunion des saint-simoniens dans cette maison. »

En réponse à la note du *Moniteur*, *le Globe* du 3 avril inséra une lettre dans laquelle les chefs du saint-simonisme, s'adressant à M. le préfet de police, s'exprimaient ainsi :

« Monsieur le préfet,

» Le *Moniteur* d'hier annonçait que vous avez ordonné la fermeture d'une des salles où nous enseignons publiquement. Nous n'avions pas pu croire à cette mesure ; mais aujourd'hui de nouvelles informations ne nous permettent plus d'en douter.

» Depuis six semaines, en effet, des hommes soudoyés, ameutés par quelque intrigue secrète, comme cela est évident, viennent périodiquement, dans la salle de la rue de Grenelle, interrompre nos séances par des injures, des vociférations, des chants bruyants.

» Nous étions bien en droit sans doute d'invoquer contre eux l'appui de l'autorité ; nous ne l'avons pas fait, espérant qu'à force de calme, de patience et de douceur, nous parviendrions à vaincre leur hostilité, ou au moins à la dépouiller de ses formes brutales, et nous ne doutons point que notre persévérante modération, dont plus de mille personnes, au besoin, et vos propres agents pourraient rendre témoignage, n'eût été enfin couronnée d'un plein succès.

» Le maire du 4e arrondissement, sur les *réclamations* duquel vous avez fondé votre arrêté, vous a lui-même signalé la nature et la cause de ce désordre.

» La séance, dit-il, est chaque fois interrompue
» et troublée par des hommes de la classe ouvrière
» *qui m'ont paru envoyés à dessein d'y provo-*

» *quer du scandale, ce qui ne manque jamais son* » *effet.* » Puis il ajoute que, « d'après des renseignements qui lui ont été donnés, il paraît que cette » *provocation* est l'ouvrage d'une famille influente » du 8e arrondissement. »

» D'après cela, il paraîtra sans doute à tout le monde que votre devoir, monsieur, était de réprimer les perturbateurs et ceux qui les envoyaient. Vous en avez jugé autrement, et c'est contre nous que vous avez cru devoir déployer les rigueurs de votre autorité.

» Nous sommes bien éloignés, certainement, d'accuser vos intentions; il n'en est pas moins vrai, pourtant, que, par le fait, la décision que vous avez prise renferme l'approbation des violences dont nous avons souffert, et provoque leurs auteurs à les renouveler. Nous pensons donc, monsieur, qu'après avoir réfléchi à l'imprudence de cette mesure, arbitraire et illégale d'ailleurs, vous vous empresserez de la révoquer.

» Assurément, il n'est au pouvoir de personne de nous empêcher de répandre nos doctrines; mais il serait permis à tous, avec la protection de l'autorité, de nous faire acheter par la persécution la propagation de notre foi.

« Nous l'avons dit déjà, nous sommes prêts à

accepter la persécution, mais nous ne la recherchons point; bien plus, nous sommes disposés à faire tous nos efforts pour la prévenir et l'écarter; aussi emploierons-nous, au besoin, tous les moyens que nous offre l'état moral, et même l'ordre légal de la société, pour repousser les agressions de toute nature qui pourraient être dirigées contre nous. C'est pour cela que nous protestons hautement, en face du public, contre la mesure étrange dont vous nous avez frappés, et cela non pas seulement pour nous mettre à l'abri des suites qu'elle pourrait avoir pour nous, mais encore pour défendre un intérêt qui nous est commun aujourd'hui avec tous les partis, toutes les opinions, toutes les croyances.

» Les chefs de la religion saint-simonienne,

» BAZARD-ENFANTIN. »

Les menées du parti rétrograde provoquaient des clameurs ou des violences partout où pénétrait la propagande saint-simonienne. Au milieu d'avril, *le Véridique de l'Hérault* signalait les manifestations tumultueuses qui avaient accueilli l'exposition publique de la nouvelle doctrine à Montpellier, dans un article dont *le Globe* du 18 donna cet extrait :

« Lorsque nous eûmes occasion de rendre compte, il y a deux mois, de la première séance d'exposition de la doctrine saint-simonienne, disait la feuille méridionale, nous étions loin de penser que la prévention, dont certains esprits étaient animés contre cette doctrine, la poursuivrait jusque dans son enseignement public. Nous avions cru jusqu'alors que, par un sentiment de convenance et de justice, les ennemis déclarés de ce système se seraient abstenus de manifester leur opposition, avant d'avoir été mis à portée de connaître et d'apprécier les idées qu'ils venaient combattre. Telle n'a point été cependant, il faut le dire avec regret, la conduite de certains adversaires de la religion saint-simonienne; tout homme de bonne foi aura pu facilement en juger, par les marques d'intolérance et de défaveur avec lesquelles furent accueillies les discussions qui suivirent la première séance.

» Une attitude aussi hostile de la part de personnes qu'on pouvait sans injustice regarder comme totalement étrangères aux objets de l'enseignement annoncé, dut avertir MM. les saint-simoniens que, dans l'intérêt de leur doctrine et de cette classe d'esprits sérieux qui désiraient franchement la connaître, il importait désormais de restreindre et de choisir leur auditoire.

» Au moyen de cette mesure, l'enseignement de la doctrine n'éprouva aucune interruption ; les leçons continuèrent d'avoir lieu deux fois par semaine, devant une assemblée composée d'environ cinquante personnes, parmi lesquelles on remarquait avec plaisir ce que la médecine, les sciences et le barreau possèdent de jeunes gens studieux et d'esprits éclairés.

» M. Fraysse, dont nous avons reproduit dans un précédent article le discours d'introduction, s'était acquitté de sa tâche, dans cette première séance, avec trop de zèle et de talent, pour qu'à lui ne fût pas confié l'enseignement de la doctrine nouvelle. »

La jeunesse studieuse de Montpellier justifiait les prévisions d'Enfantin. Le professeur Ribes et l'avocat Fraysse exerçaient là avec succès l'influence du talent et de la science, et ils donnaient la main aux apôtres de Sorèze, de Castres et de Toulouse. *Le Globe* du 19 leur apprit, du reste, que le Midi allait recevoir des missionnaires parisiens.

« Une mission saint-simonienne, disait ce journal, va prochainement partir pour les départements du Midi. Elle se composera de M. Laurent, membre du collége de la doctrine saint-simonienne, dont nous avons rapporté plusieurs prédications ; de M. P. Leroux, membre du second degré de la doctrine, fondateur et gérant du *Globe*, l'un des signataires de la protestation des journalistes du 26 juillet, qui depuis lors s'est converti à la foi nouvelle ; de M. Reynaud, membre du second degré, ancien élève de l'École polytechnique, et de MM. Boussonnel, membre du troisième degré, et Raymond (Xavier), membre du degré préparatoire. »

Le lendemain, le départ annoncé par *le Globe* était réalisé. Enfantin l'indique dans une lettre qu'il adressa le jour suivant à Duguet, alors chargé de continuer l'enseignement doctrinal en Belgique. Cette lettre contient, d'ailleurs, quelques particularités qui appartiennent à l'histoire de la propagation externe du saint-simonisme, et que nous citerons, à ce titre :

ENFANTIN A DUGUET, EN BELGIQUE.

Paris, 21 avril 1831.

« Cher fils, disait Enfantin, vos pères sont fort contents de vous.

» Huy marche bien, et le résultat de votre absence de Liége est assez significatif pour frapper les esprits des personnes qui forment votre entourage. Si les prédications de Laurent et de Barrault, qui les ont pourtant étonnés, n'ont pas réussi à porter la conviction dans leur âme, la conversion de Nihon et de ses amis les achèvera, et votre degré préparatoire ne tardera pas à prendre un caractère convenable.

» Les renseignements que vous nous avez donnés sur le diaconat nous ont été agréables, nous voulons donner partout l'exemple de l'ordre dans notre vie matérielle, aussi bien que dans notre vie morale et intellectuelle; que rien ne sente la prodigalité ni la lésine ; il est même certain que, parlant à des hommes qui conservent encore une première trace des habitudes chrétiennes, le prêtre saint-simonien doit plutôt craindre de faire pencher la balance du côté du paganisme, et que notre divine morale, qui veut réhabiliter la chair, doit avoir plutôt aujourd'hui son aspect théorique que son aspect pratique ; sous le dernier rapport, c'est le développement du *culte* qui nous avertira des progrès individuels que nous aurons à faire dans cette direction, c'est-à-dire que c'est dans des circonstances sociales, que nous pouvons sans inconvénient, et même avec avantage, trouver que nous n'avons pas les vertus de l'anachorète.

» La mission du Midi est partie hier matin ; Bouffard est allé aujourd'hui rejoindre Lemonnier à Limoges, pour y fonder l'église. Lemonnier prépare depuis huit jours le terrain.

» Adieu, cher fils, vos pères vous embrassent. »

Peu de jours après, le 27 avril, Enfantin informait Rességuier de l'extension rapide que prenait l'enseignement de la doctrine, et des promotions accomplies ou préparées dans le sein du collége.

« Cher fils, lui disait-il, vous embrasserez en Bouffard un frère, mais un frère dont l'élection n'est faite encore que pour le collége. Bouffard a demandé deux mois pour l'adhésion et l'acclamation, vous jugerez vous-même, l'un et l'autre, si les deux mois sont nécessaires. Le jour où lui et vous sentirez qu'il est prêt, vous donnerez publicité à l'élection.

» Nous écrirons à Hoart qui a si religieusement précédé et aidé Bouffard à Toulouse, qu'il est aussi élevé au collége, mais pour lui et pour nous seulement, jusqu'au moment où il pourra, soit rentrer à Toulouse, soit fonder ailleurs une église, jusqu'au moment où l'acclamation sera vivante autour de lui.

» Nous vous avons donné un frère de plus, le *bon*, le *solide* Cazeaux, qui partage avec Michel la fonction du *Globe* ; à ce sujet, cher fils, ayez sans cesse présente devant les yeux la nécessité de former ainsi des *couples* pour toutes les fonctions, couple dont chaque moitié complète l'autre, et qui sont le symbole du couple saint de l'homme et de la femme. Nous vous en donnons l'exemple; il faut que cet exemple fructifie. Tout homme qui exerce seul une fonction dans la doctrine la remplit nécessairement d'une manière très-imparfaite, il lui échappe une foule de choses que sa *moitié* aurait relevées, et qui le rendent impuissant à convertir certains individus qui n'auraient pu être attirés que par ce qui lui manque, c'est-à-dire par les qualités qui distinguent le *conjoint*.

» De fait, c'est vous et Bouffard, et non plus vous seul, qui depuis quelque temps dirigez le Midi; nous constatons le fait, et cela est un grand bonheur pour nous, et pour vous une gloire, de nous avoir donné un fils, d'avoir donné à vos frères, un frère comme Gustave. Son passage à Limoges a été brillant, nous lui en témoignons ici notre joie.

» Rouen va supérieurement, Jules y est superbe. Barrault y prêchera la semaine prochaine ;

à la dernière réunion, il y avait quatre à cinq cents personnes, Guéroult a parlé et a bien parlé pendant une heure, Jules ensuite pendant une autre heure, et craignant de fatiguer l'auditoire, il a demandé si l'on désirait le voir continuer et parler de l'avenir; on a manifesté ce désir vivement, et il a dit pendant une heure et demie encore la *loi nouvelle,* se faisant applaudir à diverses reprises. — La prochaine réunion aura lieu dans la salle qui contient deux mille personnes, car cette fois plusieurs personnes, en assez grand nombre, n'avaient pas pu entrer.

» La mission de Laurent a commencé à Mâcon, très-heureusement, devant cent cinquante personnes. — Lyon est prévenu, ils y sont actuellement. — Metz a enfin fondé des réunions régulières. — La Belgique marche, mais elle n'a cependant rien d'éclatant, l'organisation intérieure des degrés de Bruxelles, de Liége, et de Huy absorbe presque exclusivement. Jules va aller à Dieppe et au Havre dans douze ou quinze jours. Talabot, Baud et Robinet ont commencé à Meaux des enseignements; première réunion, cent cinquante à deux cents personnes très-bien disposées; déjà plusieurs habitants de cette ville veulent refléter la parole sur les villes voisines. Nous marchons, nous marchons. Bouffard vous dira comment on marche, il le SENT, il le *sait*, il l'a *vu*.

» Adieu, cher fils ».

Dans le courant du mois de mai, *le Globe* publia les articles qui suivent :

« Les missions saint-simoniennes sont en ce moment en pleine activité.

» En Belgique, MM. Duveyrier, membre du collége ; Duguet, membre du second degré ; Machereau, du troisième degré, organisent la famille saint-simonienne à Bruxelles, Liége, Huy, et dans quelques autres localités.

» La mission du Midi, composée de cinq personnes, est arrivée à Lyon, après avoir passé par Mâcon, où la parole nouvelle a été écoutée avec un vif intérêt.

» A Limoges, MM. Bouffard et Lemonnier, du second degré, ont fait trois leçons qui ont été écoutées par un nombreux auditoire (quatre à cinq cents personnes), avec un recueillement profond entrecoupé de marques non équivoques d'assentiment.

» A Rouen, MM. Jules Lechevalier, membre du collége, et Adolphe Guéroult, membre du second degré, ont fait dans la dernière quinzaine d'avril, devant cinq cents personnes, plusieurs leçons qui ont été très-favorablement accueillies. Le 29 avril, craignant qu'une trop grande affluence ne causât du désordre, M. Jules Lechevalier s'est décidé, pour éviter la perturbation, à distribuer des billets d'entrée. Malheureusement la consigne a été violée, une foule immense a encombré la salle, quelques personnes se sont livrées à des cris tumultueux, et M. Jules Lechevalier, pour ôter tout prétexte à des désordres plus graves, a pris le parti de lever la séance. »

10 mai.

« La mission du Midi a commencé ses travaux à Lyon par quelques enseignements préparatoires dirigés par M. Leroux et J. Reynaud. Le 3 mai, M. Laurent, membre du collége, a prêché dans la salle de la loterie, en face d'un nombreux auditoire sur lequel sa parole a produit une vive impression.

» Les églises de Toulouse et de Montpellier, dont la première est constituée depuis un an, répandent la foi saint-simonienne dans les départements qui les entourent.

» Les chefs de la religion saint-simonienne se proposent d'envoyer prochainement des missions dans les départements de l'Est et de l'Ouest ».

19 mai.

« La mission du Midi continue ses travaux. Après avoir prêché dans la salle de la loterie, M. Laurent, membre du collége, chef de la mission, a été atteint d'une indisposition qui depuis lors l'a obligé de se tenir dans la retraite. A la seconde séance, qui a eu lieu devant douze à quinze cents personnes des classes les plus éclairées, et parmi lesquelles figuraient beaucoup de dames, MM. Reynaud et Leroux, membres du second degré, ont tour à tour parlé.

» A cette séance il y a eu quelques tumultes au dehors.

» Le directeur de la loterie, craignant les suites de l'affluence des spectateurs pour les séances suivantes, n'a pas consenti à prêter sa salle pour un plus long temps. Les enseignements suivants doivent avoir eu lieu dans le cirque des Brotteaux qui peut contenir deux mille cinq cents personnes.

» M. Boussonnel, membre de troisième degré, a été détaché de la mission de Lyon, pour venir continuer à Mâcon l'exposition de la doctrine, qui avait été ouverte par M. Laurent, lors du passage des missionnaires. Les leçons ont commencé le 7 mai, salle des bains Delorme. Il avait été question d'ouvrir l'enseignement dans une des salles de l'hôtel de ville, mais l'autorité municipale a pensé que le choix d'un tel local ne serait pas sans inconvénient, et M. le maire de Mâcon a écrit la lettre suivante à M. Niboyet, avocat, conseiller de préfecture de Saône-et-Loire, qui avait fait la demande au nom de M. Boussonnel :

LE MAIRE DE LA VILLE DE MACON A M. NIBOYET, AVOCAT.

« Monsieur,

» Après avoir mûrement réfléchi à la demande
» que vous m'avez faite d'une salle de l'hôtel de
» ville, pour y prêcher la doctrine saint-simo-
» nienne, j'ai le plus grand regret de vous annon-
» cer que je ne puis pas mettre ce local à votre
» disposition. L'hôtel de ville est une maison par-
» ticulière qui ne peut convenir à la prédication
» d'une religion nouvelle. C'est après m'être con-
» vaincu que je devrais refuser une telle demande
» à un prêtre qui voudrait y dire la messe, que je
» me vois forcé de vous retirer la promesse que je
» vous avais faite.

» J'ai l'honneur, etc.

» B. »

La mission de Belgique étend le cercle de ses travaux. Pendant que M. Duguet, du second degré, était à Liége, et M. Machereau, du troisième degré, à Bruxelles, se livrant l'un et l'autre à des enseignements particuliers et intimes, M. Duveyrier, membre du collége, chef de la mission, s'est transporté successivement à Louvain et à Gand.

Voici en quels termes le *Courrier des Pays-Bas* rend compte du premier enseignement de M. Duveyrier, à Louvain.

« M. Duveyrier, chef de la mission saint-simonienne en Belgique, s'est rendu mardi 10 mai, à Louvain, pour y faire entendre la nouvelle doctrine. M. Roussel, professeur de l'université, a vainement insisté auprès de la régence pour que cette prédication pût se faire dans la salle académique; la régence a été sourde et a persisté dans ses refus. M. Duveyrier s'est alors assuré d'un salon à l'hôtel de l'*Aigle noir*, et la réunion devait y avoir lieu à onze heures, lorsque l'hôte, effrayé par de déplorables insinuations, est venu annoncer, au moment où tous les étudiants étaient attendus à l'enseignement, que son salon n'était plus disponible et qu'il retirait sa parole.

» Cependant les étudiants étant curieux d'entendre les saints-simoniens, M. Duveyrier leur proposa de se réunir hors de la ville. Cette proposition fut accueillie avec empressement, et l'après-dînée, par le plus beau soleil, on voyait une longue procession de jeunes étudiants qui s'en allaient à travers la campagne, impatients d'entendre des choses nouvelles. A l'entrée d'un bois ils s'assirent en demi-cercle, et M. Duveyrier, debout devant eux, leur traça l'objet de sa mission avec des couleurs et des images riches, fécondes, et aux inspirations desquelles l'effet pittoresque que faisait ce groupe donnait nécessairement plus d'éclat et de vivacité. Des applaudissements francs et unanimes dédommagèrent M. Duveyrier des misérables contrariétés qui lui avaient été suscitées le matin, et lorsqu'il voulut fixer ce lieu pour rendez-vous habituel, toutes les voix crièrent · *Non, non, à l'Université.*

» Nous nous contenterons pour toute réflexion, de proposer à M. Nève l'exemple de Liége, où la régence et le recteur se sont empressés d'accorder la salle académique à la mission saint-simonienne ; cette protection, accordée à l'exercice de nos libertés, est d'un bon effet sur l'esprit d'une jeunesse savante et susceptible à l'aspect d'une injustice même indirecte. »

Des enseignements publics et particuliers

continuent ou commenceront prochainement à Toulouse, à Montpellier, à Limoges, à Metz, à Montauban, à Beauvais, et de nouvelles missions vont sillonner en tous sens l'Est et l'Ouest de la France.

» A Paris, des enseignements auront lieu très-incessamment tous les jours, rue Taitbout.

» La mission de Normandie a étendu le cercle de ses travaux. M. Jules Lechevalier, membre du collége, chef de la mission, a laissé à Rouen M. Lambert et M. Guéroult, du second degré, pour continuer l'éducation saint-simonienne des personnes qui avaient été le plus vivement frappées lors des enseignements publics, et il s'est rendu au Hâvre, où il a exposé la parole nouvelle dans trois séances. A la dernière, qui a eu lieu le 17 mai, la salle était aussi comble que possible; il s'y trouvait trois cents personnes, parmi lesquelles étaient plus de cent dames. Il a été écouté avec une religieuse attention, et il est parti pour Dieppe, laissant au Havre un grand nombre de personnes convaincues que l'avenir de l'humanité réside dans la religion saint-simonienne, ou fortement ébranlées.

» Depuis vendredi 13 mai, M. Guéroult a été remplacé à Rouen par M. Henri.

» Le dernier enseignement de Meaux a été fait par M. H. Carnot, membre du collége, assisté de

M. Baud, du second degré. La religion saint-simonienne excite à Meaux des sympathies de plus en plus vives.

» L'enseignement public est en ce moment suspendu à Versailles. Voici en quels termes s'exprime à cet égard *le Vigilant*, journal de Seine-et-Oise :

» Les conférences saint-simoniennes sont suspendues à Versailles. La dernière séance a légitimé les regrets d'un grand nombre de citoyens éclairés qui trouvaient dans ces réunions instruction et plaisir. Les jeunes professeurs voués à cet enseignement ont plus que jamais fait preuve de ces vastes connaissances, de cette puissance de logique qu'on ne pouvait s'empêcher d'admirer en eux alors même qu'on repoussait leur doctrine. Un auditoire paisible et choisi a protesté par son recueillement contre les méprisables menées des deux séances précédentes. Notre journal est surtout destiné à enregistrer les actes utiles ou les erreurs de l'autorité. Nous devons avec franchise signaler les causes de la suspension momentanée de l'enseignement saint-simonien. Pour cela, nous ne saurions mieux faire que de transcrire ici quelques paragraphes d'une brochure adressée à la société constitutionnelle par un de ses membres.

» Il est notoire que deux ou trois perturbateurs,

recrutés par l'absolutisme et certains de l'impunité, ont été excités en dessous, et pris dans la classe la plus turbulente et la moins éclairée.

» Il est notoire que malgré les vues justes, légales et bienveillantes des membres influents du parquet, les officiers publics, agents de police, étaient absents ou n'avaient pris aucune mesure d'ordre dans deux des séances qui furent troublées.

» Il est notoire qu'à d'autres séances ils étaient présents, mais qu'ils semblaient y assister moins pour faire respecter les lois, les personnes et les propriétés, que pour épier l'enseignement; et nous ne craignons pas de le dire, pour observer l'auditoire nombreux et éclairé qui s'y intéressait vivement.

» Il est notoire que ces agents ont été les premiers à grossir les craintes semées près des propriétaires qui louaient ces salles.

» Il est notoire que le maire a invité par lettre les professeurs à cesser leur enseignement, s'ils ne voulaient pas s'exposer à voir leur réunion dispersée par la force.

» Il est notoire que ce magistrat a adressé aux commissaires de police des instructions à l'effet de défendre aux hôteliers de louer leurs salles pour ces conférences. »

Pendant ce même mois de mai, l'un des missionnaires et des prédicateurs les plus éminents du saint-simonisme, Jean Reynaud, écrivant de Lyon à un de ses amis, Charton, qui venait de débuter lui-même par un grand succès à la chaire de la rue Taitbout, lui donnait des détails fort intéressants sur l'état des esprits dans la seconde ville de France, en même temps qu'il laissait percer déjà cette disposition de son âme qui devait rendre plus tard sa parole si amère pour Enfantin.

« Mon bon ami, disait J. Reynaud, je sors de lire ta prédication, et je ne puis tarder plus longtemps à te dire combien j'ai éprouvé de plaisir à assister à ton début. Enfin, te voilà lancé dans la grande carrière; et ce me sera grande joie de t'y entendre, quand je reverrai le ciel de Paris et la sainte famille qu'il éclaire. Marche, tu es pour avancer; crois-moi, tu es pour grandir.

» Nous sommes ici travaillant terriblement et faisant grand bruit vraiment, il me faut voir Lyon pour le croire. C'est comme une maladie, c'est comme une peste. Je crois qu'à la halle on ne cause que saint-simonisme. Ce matin, en demandant mon chemin à deux braves gens, qui heureusement ne me connaissaient pas, j'ai attrapé une grande histoire sur les saint-simoniens, qui vont, comme Pierre l'Hermite, pour faire une croisade. Je me fatigue tellement que j'en suis un peu malade, mais j'espère que cela se guérira. Figure-toi qu'il est deux heures et demie du matin, et que je ne puis dormir. A quatre heures, je partirai pour Givors, où je vais passer une journée de campagne saint-simonienne. Je reviendrai coucher à Lyon ce soir; car il n'y a que cinq à six lieues d'ici. Après-demain, je crois que nous aurons une grande séance, mais nous sommes embarrassés pour une salle. Nous avions obtenu une salle publique magnifique; le préfet nous l'a fait retirer. Si nous avions une salle pour quatre ou cinq mille personnes, elle serait pleine.

» Au milieu de tout cela, mon ami, le cœur me défaille parfois. Certes, ni le zèle, ni le dévouement, ni l'ardeur ne nous manquent. Leroux et moi, nous nous épuisons; et à peine si Paris songe à nous. Depuis bientôt un mois que nous sommes partis, on ne nous a écrit qu'une fois, et nous sommes là, isolés, indépendants, luttant de nos bras à travers ces torrents qui se choquent autour de nous, comme si nous étions seuls dans le monde, abandonnés à nos propres forces, sans personne qui encourage nos efforts d'une voix amicale, et rejette, par quelques paroles, un peu de courage et de force à ces coursiers qui s'épuisent. Je n'y veux pas penser; car cela me navre. Ne sommes-nous donc rien? ne méritons-nous donc rien? Cette idée me tue: plus que quatre séances encadrées l'une à la droite de l'autre. Écris-moi au moins, mon ami. Donne-moi quelque lien qui me rattache à Paris, et ne permette pas à ce tumulte de m'écraser et de m'étouffer.

» Ici, presque tout le monde est religieux, catholique et protestant; aussi, grande accumulation de passions haineuses contre nous; nous avions reçu une lettre menaçante d'un bataillon de braves citoyens, dont un article de journal, *le Cri du Peuple*, a pu te donner une idée, si vous le recevez au *Globe*.

» Adieu, mon bon Charton. Il y a au monde trois choses dures et cruelles à sentir : le mépris, la haine, l'indifférence. C'est l'indifférence qui déchire et verse en l'esprit des gorgées d'amertume. Voilà déjà deux fois que je commence une lettre pour les pères; dès la seconde ligne, je me sens la gorge serrée et ne puis aller plus loin. Le voyage de Givors me donnera peut-être du courage. Alors tu apprendras demain, à la doctrine, des nouvelles de mon voyage sur le Rhône, qui va avoir l'honneur de m'emporter dans une heure. Je t'embrasse. Leroux ronfle terriblement, et se repose de ses fatigues, en attendant le matin. »

(*Archives saint-simoniennes.*)

Malgré l'idée qui le tuait, Jean Reynaud fut admirable à Lyon dans toutes ses prédications. Enfantin l'attestait dans une lettre à Rességuier, du 26 mai ; lettre d'ailleurs remarquable par une déclaration significative sur la question délicate du diaconat.

« Cher fils, disait Enfantin, votre embarras relativement à Lasbordes nous étonne, il tient toujours à la même cause qui vous a empêché depuis quelque temps de comprendre vos pères aussi bien que nous l'aurions voulu. Nous pensions que le séjour de Bouffard ici aurait fait cesser cet obstacle. L'héritage de Lasbordes, quelle que soit la nature de ses espérances, est un fait éventuel, un phénomène à *grande distance*, qui n'a pas de valeur, relativement à celle que peut avoir pour nous en ce *moment* sa conversion, s'il est fort, si cette conversion, connue du public, est de nature à nous donner plus d'importance, si la conduite de ses parents à son égard appelle l'intérêt sur lui et sur nous; voilà les considérations qui doivent vous guider, et non l'héritage; ce serait voir mesquinement la question du diaconat elle-même. Le fils de Rothschild converti, et déshérité, vaudrait mieux pour nous que le fils de Rothschild saint-simonien honteux, attendant pour se déclarer la mort de père et mère.

» Que si Lasbordes est faible, s'il y a à craindre de lui une apostasie, il faut tout bonnement l'élever peu à peu, lui donner la force qui lui manque, le mettre en mesure de persévérer contre vents et marées, mais voilà tout.

» Encore une fois, les espérances ne sont pas notre fait, c'est du PRÉSENT en hommes, en travaux, en *richesses*, qu'il nous faut; nous avons, Dieu merci, des espérances plus larges que toutes celles qui pourraient nous être promises par l'héritier le plus distingué de votre province.

» Dieppe et Dunkerque vont très-bien, LYON, SUBLIME !

» Adieu, chers enfants, vos pères vous embrassent. »

Au milieu des succès prodigieux de la propagande dont il était l'âme, Enfantin menait de front les travaux dogmatiques et les soins assidus qu'exigeait la direction suprême de la religion nouvelle. Une lettre à Margerin, sur la Trinité, écrite en mai 1831, en fait foi.

« Depuis quelque temps, dit-il (note datée de Ménilmontant, novembre 1832), j'avais eu de fréquentes discussions avec Margerin sur le dogme; elles furent même l'occasion de ma lettre à Peiffel, écrite plusieurs mois après, parce que Margerin avait laissé le germe de son hérésie dans beaucoup de têtes que sa capacité avait bouleversées.

» L'hérésie de Margerin peut se formuler ainsi; on remonte de l'*unité* à l'INFINI et non de la *multiplicité*, ce qui tendait à subalterniser une des faces de la vie, et à confondre l'unité *finie* avec l'unité ABSOLUE, en d'autres termes, l'*homme* et DIEU, d'où résultait nécessairement le despotisme et l'esclavage, le sacré et le profane, Moïse ou Jésus, ou mieux encore Mahomet.

» Cette lettre fut lue par moi à Margerin, mais je ne la lui remis pas, elle n'était pas terminée. »

Margerin était d'ailleurs plus qu'hérétique; il rêvait le schisme en Belgique où, d'après les rapports de Leroux, Carnot, Dugied et Laurent, mentionnés dans les notes de Sainte-Pélagie, il compromettait gravement la dignité de la doctrine.

Les choses en vinrent au point qu'Enfantin dut lui transmettre, le 19 juin, quelques mots qui renfermaient au moins une excommunication provisoire.

« Nous n'avons point été surpris, disait Enfantin, de votre long silence, et nous avions même pensé que vous aviez enfin compris tout à fait la véritable position dans laquelle nous devons rester quelque temps. Vous nous annoncez aujourd'hui votre départ pour Gand, quoique nous nous soyons assez souvent exprimé sur le désir que nous avions de ne pas vous savoir en Belgique. Nous nous étions refusés à vous donner une position *positive*, pour quelque lieu et quelque temps que ce fût; mais nous vous avions indiqué une *exclusion*, à laquelle nous aurions aimé vous voir conformer vos projets particuliers.

» Nous faisons envoyer *le Globe* à M. le capitaine Collet. Nous vous adressons poste restante, à Gand, 300 francs, puisque vous avez compté y trouver de l'argent de nous; mais nous devons ajouter que nous ne les considérons en aucune manière comme le *moyen* de faire un voyage que nous n'aimons et ne comprenons pas. Cette somme vous suffira, soit pour revenir dans votre famille, soit pour choisir le lieu où vous devez vous fixer, pour y réfléchir dans l'*isolement* à ce qui vous manque pour la *communion*. Tel était le remède que nous concevions à votre fâcheuse position; tel est celui que nous vous conseillons encore. Vous n'avez besoin ni de *distractions* ni d'*oubli*, nous ne saurions contribuer à vous donner les unes, à vous procurer l'autre. »

A ce moment, Duveyrier avait remplacé Margerin en Belgique, et Enfantin lui avait écrit, le 15 juin, pour presser le retour de Duguet à Paris, pour cause de santé.

« Le brave garçon, avait-il dit, se donne un mal terrible, et s'en donnerait encore trop à Douai et à Arras. A Paris, avec Tivoli, les soins de Jallat, les caresses de tous, il se guérira vite.

» Quant à Rigaud, impossible de te l'envoyer encore; nous avons mis pour condition à sa mise en fonction la prise de son grade de docteur; il aura fini, nous l'espérons, dans un mois ou deux tout au plus. Nous t'enverrons probablement Pecqueur, de Dunkerque, qui fait depuis près de deux mois la réception individuelle, dans la journée; c'est un bon exercice préparatoire pour la mission qu'il aurait à remplir.

» Ne vous inquiétez pas trop du Nord (Douai, Arras, Valenciennes, Lille, Dunkerque), ce sera l'objet d'une mission que nous allons préparer avec Maurize et Eymery, qui arrivent ces jours-ci à Paris.

» Jules part dimanche ; je le conduis à Dijon (incognito) ; je vais voir père et mère, qui feront, de leur côté, quelques pas au-devant de moi : ils viendront à Dôle où je les joindrai ; je serai de retour pour le dimanche matin, de sorte que je ne manquerai pas de prédication.

» Constitue vite quelque chose à Liége ; car les éléments saint-simoniens de cette ville et de Huy doivent être prêts depuis le temps qu'on emploie avec tant de zèle à les polir. L'arrivée du remplaçant de Duguet sera l'occasion qu'il ne faudra pas laisser échapper.

» A propos d'organisation, arrange-toi pour que dans la séance générale, qui aura lieu de mardi prochain en huit, nous ayons à annoncer quelques élections belges, à commencer par celle de Machereau.

» Toussaint, Bourson et Robin ne sont-ils pas prêts ?

» Le départ de Duguet et le tien seraient par là plus solennels.

» Adieu, enfant, tes pères t'embrassent. »

Le 22, Bazard écrivait à son tour à Duveyrier, et, consacrant quelques lignes de sa lettre à Margerin, il disait :

« Maintenant, voici un petit épisode qui survient au milieu de notre époque, et qui te regarde en ce moment d'une manière toute particulière. Tu sais qu'il y a deux mois environ nous avons mis Margerin en retraite, ou plutôt que nous l'avons complétement ajourné, quant à ses rapports avec la doctrine, et tu penses bien sans doute que ce n'est pas sans motifs que nous en sommes venus à cette extrémité. Or, en lui signifiant cette résolution, il fut convenu entre lui et nous, et comme expression de l'espérance que nous ne devons pas perdre entièrement à l'égard de qui que ce soit, qu'il quitterait aussitôt Paris pour aller où il voudrait, excepté en Belgique, non pas, *en notre nom*, mais au *sien propre*, pour faire librement, spontanément et comme il l'entendrait, une œuvre quelconque de doctrine, qu'il viendrait ensuite nous offrir comme un témoignage d'amendement de sa part, et comme un titre à réclamer la communion interrompue.

» En cette occasion comme en beaucoup d'autres, Margerin ne se crut pas obligé de tenir parole. Il resta donc à Paris, y menant une vie peu édifiante, y tenant même maints propos désobligeants sur la doctrine ; de telle sorte qu'à la rigueur nous pouvions considérer comme rompu le faible lien qui subsistait encore entre nous. Mais voici qu'hier nous avons reçu de lui une lettre datée de Lille, dans laquelle, après nous avoir parlé de deux ou trois personnes avec lesquelles il a jasé doctrine, il nous annonce son départ pour Gand, où il nous prie de lui faire passer de l'argent. Le voilà donc sur son terrain; il faut absolument, cher fils, que tu fasses savoir qu'il est là pour son compte seulement, sans mission et sans direction de notre part; fais en sorte de formuler cet avertissement de manière à ne pas lui ôter les moyens de se réhabiliter, mais n'oublie pas que, par-dessus tout, nous devons nous mettre à l'abri de toute responsabilité à l'égard de ses actes et de ses discours. Sous ce rapport nous nous en remettons tout à fait à ta discrétion. Au reste, il est possible qu'il se propose de passer en Hollande[1], dans ce cas, ta tâche serait beaucoup plus facile; cependant tu aurais toujours quelques mesures de précaution à prendre. » BAZARD. »

1. Margerin mourut peu d'années après en Belgique, revenu au catholicisme, et professeur dans un établissement religieux à Louvain.

Enfantin avait quitté Paris, le jour même de sa laconique missive à Margerin, pour aller au-devant de son père et de sa mère, qu'il devait rencontrer à Dôle. Pendant son court séjour dans cette ville, il se ménagea le temps d'écrire deux lettres importantes sur la doctrine, l'une à M. Morin, de Genève, l'autre à sa cousine Thérèse. Dans la lettre au Génevois, Enfantin résumait l'histoire de sa vie, pour faire servir son passé à l'explication et à la justification de son présent.

« Mon cher monsieur Morin, disait-il, vous avez dû être bien surpris et affligé même, lorsque père et mère vous ont dit que j'avais eu peine à me rappeler de qui me venait le témoignage d'amitié dont vous les chargiez pour moi. La vérité est que votre personne m'était aussi présente que votre nom s'était facilement éloigné de ma mémoire ; vos soirées chez Niqueler, nos promenades, nos causeries, musique ainsi que spectacle, tout cela était bien là, mais le nom, le nom, ma mémoire est d'une faiblesse extrême sous ce rapport ; je devais cependant me rappeler celui qui, au milieu de tous les fumeurs ne fumait pas, de tous les crieurs ne criait pas, de tous les joueurs ne jouait pas, mais j'étais si fumeur alors, si joueur, je ne dirai pas si crieur, mais si bien avec les crieurs, que les noms de ceux-ci s'étaient gravés plus facilement ; il m'a fallu plusieurs heures pour me rappeler les noms de J. Mathei et des Scherer, mais une seconde m'a suffi pour ce brave colonel Fabre et pour Marc.

» Combien je vous remercie, mon cher monsieur, d'avoir fait remonter vers le père et la mère l'amitié que vous aviez pour le fils ! quel plaisir vous leur faites en leur parlant de votre affection pour moi, c'est la meilleure compensation que l'on puisse trouver dans l'absence, aussi vous aiment-ils l'un et l'autre du fond du cœur.

» Vous parlez souvent doctrine avec eux, et vous êtes étonné de me voir lancé dans cette carrière, si différente de celle que je parcourais alors ; je dis si différente, et cependant elle l'est moins qu'on ne pourrait le croire. Vous savez que je cherchais autrefois à vendre du vin, du moins telle était ma profession, mais ce que vous devez savoir aussi, c'est que je trouvais plus d'amis que de pratiques, chose toute simple, car je cherchais plus l'un que l'autre.

» J'ai fait ainsi, pendant sept ans, à peu près le tour de l'Europe, trouvant partout ce que j'avais à Genève, des cœurs aimants qui allaient au-devant du mien ; j'ai vu beaucoup de monde, hommes, femmes, enfants, vieillards, et il m'a semblé plus tard que je pouvais consacrer à autre chose qu'à vendre des bouteilles, cet heureux don qui faisait que tous s'attachaient, se *liaient*, se *reliaient* à moi. J'ai compris un jour ce que c'était que d'être *religieux*. Jusqu'à ce jour où je connus Saint-Simon, que pouvais-je donner et apprendre aux hommes? Rien ou peu de chose; l'École polytechnique, des lectures, le contact d'hommes instruits, me permettaient bien de tenir une place à peu près partout, mais que savais-je des destinées humaines? Dans ce monde où les empires sont aussi divisés que les plus petits ménages, où les existences individuelles sont aussi incertaines que la vie des peuples, où Charles X et Laffitte tombent en quelques jours, et où l'immense majorité des hommes meurt à l'hôpital, dans la misère, aux bagnes et sur l'échafaud ; dans ce monde morcelé en sectes, en coteries hostiles les unes aux autres, en familles dont les membres se déchirent, en individus sans patrons, sans appuis, isolés, livrés à un effrayant égoïsme dans ce monde sans *croyances* communes, sans *intérêts* communs, et par conséquent sans *dévotion* et sans *dévouement;* que pouvais-je faire de cette précieuse qualité que vous trouviez, vous aussi, en moi, et qui faisait qu'on m'aimait? A quoi l'utiliser? Comment la faire contribuer le plus largement au bonheur de tous? Le jour où je me fis cette question fut pour moi celui d'une nouvelle vie. Le travail qui jusque-là m'avait pesé, parce que je ne voyais pas quel profit le monde en aurait tiré, devint léger pour moi, je voulus connaître, et j'appris tout ce qu'avaient fait les hommes qui avaient le plus contribué au bonheur de l'humanité, à sa marche progressive. Je m'arrêtais avec amour devant Moïse et Jésus; avec admiration devant Mahomet, Luther et Calvin; avec effroi et cependant avec admiration encore devant Robespierre et Napoléon; je voulus savoir pourquoi le temple de Jérusalem et la Rome des Césars étaient tombés avec leurs dieux et leurs pères; pourquoi Rome papale était à son tour anéantie, et le trône des rois brisé et anéanti dans la boue; malgré Voltaire et tout son siècle, je voulus voir par moi-même ce qu'étaient les Augustin, les Grégoire, les Thomas; enfin je fis société avec les lumières du monde, avec les grands hommes, c'est de là que date ma *folie*, comme disent plusieurs, c'est de là que date ma FOI....... ma VIE. Et comment ne semblerais-je pas fou en assumant sur moi la sublime prétention de ne pas être au-dessous de la société dont je vous parle? Comment ne le paraîtrais-je pas, surtout à ceux qui m'ont vu jouer, folâtrer, plaisanter avec eux, devant eux, qui m'ont connu, parlé, touché?

Mon cher Morin, n'avez-vous pas dit vous-même, que de tous les jeunes gens que vous aviez connus, j'étais celui que vous aimiez davantage? Eh bien, laissez-moi croire à votre témoignage, laissez-moi m'en prévaloir contre vous-même, si votre amitié s'effraye de l'orgueilleuse prétention que je manifeste devant vous. Oui, la race des hommes auxquels l'humanité prodigue sa reconnaissance, parce qu'ils l'améliorent et l'élèvent, n'est pas épuisée; nous sommes, depuis trop de siècles, déshérités de la présence de ces êtres aimants qui entraînent, que l'on suit avec abandon, avec confiance; l'humanité est veuve de guide, ou plutôt elle est orpheline. Dans son amour passionné d'égalité, elle se révolte contre l'autorité *paternelle*, elle élève des statues d'un jour qu'elle brise aussitôt, elle ne veut plus de chefs, de maîtres, de patrons, de *prêtres,* elle a peur de dire *j'aime, je crois.* — Eh bien, n'est-ce pas dans un pareil moment que les hommes qui sentent en eux cette puissance, la plus grande de toutes, celle qui fait qu'on est aimé, doivent s'unir, se lier, appeler à eux les enfants divisés des hommes, leur proposer un but favorable à tous, leur montrer une destinée nouvelle qui résume tous les désirs, tous les rêves de bonheur vaguement conçus autour d'eux? Nous, enfants de Saint-Simon, nous disons au monde que le calme ne sera établi dans la *politique* humaine que lorsqu'on se proposera dans toutes les institutions l'amélioration MORALE, *physique* et *intellectuelle* de la classe la plus nombreuse et la plus pauvre ; or, ce n'est pas à ce mètre que se mesurent aujourd'hui les lois, mais personne n'osera dire qu'il ne fût désirable d'adopter un pareil mètre politique. Nous ajoutons que la loi commune sera alors sur *la terre* celle que Jésus a promise pour le *ciel*, la RÉCOMPENSE SELON LES ŒUVRES, quelle que soit la *naissance ;* or, la RÉCOMPENSE SELON LES ŒUVRES et l'abolition des *priviléges* de la naissance ne sont-ce pas des désirs que tous partagent? N'est-ce pas dans ce double but qu'on a détruit les castes, l'esclavage, le servage, la noblesse, les majorats, etc., etc., et maintenant trouvez-vous l'entreprise trop difficile? Il devait paraître difficile aussi autrefois de détruire l'esclavage, Jésus et son église n'ont pas reculé devant la difficulté ; d'ailleurs serait-ce plus difficile encore que de détruire l'esclavage, on y parviendrait d'autant moins qu'on ne s'en occuperait pas directement, et certainement nous y contribuons davantage, nous saint-simoniens, que les chrétiens qui ne savent commander, devant les maux de la terre, qu'une résignation inféconde, qu'une patience stoïque pour les épreuves de la *Vallée des larmes.*

» Que de changements, que de bouleversements, direz-vous, une pareille doctrine va porter dans la société ! Mais ne voyez-vous pas que, depuis cinquante années, de tous côtés la terre tremble, que nous sommes sur un volcan, que les hommes n'ont plus rien qui leur commande l'ordre, la paix, que les classes les plus nombreuses rugissent souvent, que leurs maîtres n'ont plus de chaînes qui ne soient brisées un instant dans ces mains calleuses. Est-ce la famille? mais où donc est la famille qu'une paillette d'or ne divise pas? où est l'ordre en ce moment sur la terre? Là sans doute où des hommes sont associés dans un but commun, que tous désirent, là où il y a des chefs qui dirigent et des inférieurs qui exécutent avec amour, là où il y a confiance entre tous. Or, j'affirme que toutes ces conditions, nous seuls saint-simoniens les portons en nous, et c'est pourquoi nous venons les présenter en exemple au monde et les lui donner ; nous venons lui montrer une société chaque jour croissante où tous les priviléges de la naissance sont abolis, où châcun est classé selon sa capacité et rétribué selon ses œuvres, et dont tous les actes ont pour but l'élévation morale, physique et intellectuelle de tous. » (*Lettre datée de Dôle,* 21 juin 1831.)

Dans sa lettre à Thérèse, écrite également à Dôle, sous la date du 23 juin, Enfantin se délassait à reprendre le ton familier et railleur, qu'il savait si bien faire servir à la défense des causes les plus sérieuses :

« J'ai fait, disait-il, une petite escapade, et il a fallu qu'elle fût aussi courte, pour que le rendez-vous donné, avec père et mère, fût Dôle et non pas Curson. J'ai fait d'une pierre deux coups, je suis parti de Paris avec nos missionnaires de l'Est que j'ai conduits à Dijon, où ils vont commencer ces jours-ci leurs prédications. Pendant ce temps, vous aurez probablement ceux de Lyon à Valence, et peut-être à Romans, et d'autres parcourront le Midi, et une autre mission va partir de Paris pour le Nord ; vous voyez que nous n'y allons pas de main-morte. Comment pouvons-nous exécuter toutes ces choses ? Il y a de bonnes âmes qui disent déjà que c'est Lafayette qui nous paie, d'autres Napoléon II, d'autres Henri V ; qu'il est impossible que nous fassions tant de bruit avec nos *bêtises*, si quelqu'un, la police peut-être, ne nous soudoie pas. Comment de pauvres garçons comme nous ont-ils pu, en un an, depuis juillet, propager avec tant d'ardeur et partout, des rêves ? Où trouvent-ils l'argent nécessaire pour vivre, voyager, publier des ouvrages, des journaux qu'on lit peu (disent-ils), qu'on achète moins encore! Auraient-ils par hasard découvert la pierre philosophale?

» Tout cela en effet commence à être extraordinaire, on n'y comprend plus rien, mais on ne se trompe pas, nous avons découvert la pierre philosophale; au lieu de mettre au creuset des *idées* et de la *matière*, nous y mettons des *hommes*, des hommes froissés, blessés par le monde actuel, mais brûlant de s'améliorer, des hommes jeunes, ardents, instruits, prêts à toute espèce de dévouement. Avec le soufflet de forge que Saint-Simon nous a laissé, nous soufflons, soufflons, et ces hommes que nous avions pris abattus, découragés, réduits à l'égoïsme, sortent du creuset, brillants de vie, prêts à l'apostolat. Il y avait, à Rome et en Grèce jadis, des philosophes qui mettaient des idées et des choses au creuset, et il n'en sortait que des songes creux et des bouteilles cassées, ils s'appelaient spiritualistes et matérialistes, platoniciens et aristotéliciens, éclectiques et théurgiens; Jésus s'y prit autrement; Saint-Simon a fait comme Jésus, et nous passons par-dessus les philosophes, par-dessus M. Cousin et M. Say, par-dessus les hommes des *idées* et les hommes des *choses*, comme saint

Paul *enfonçait* Festus qui l'accusait d'avoir perdu le sens, comme saint Augustin déroutait Faust le manichéen qui savait tout, hors ce qu'il fallait savoir.

» J'ai vu Camille avant mon départ, mais, malgré mes rendez-vous avec Saint-Cyr, je n'ai pu l'accrocher, il était absorbé par le ministère, à la suite des émeutes, et par le voyage du roi. Nous nous sommes écrit plusieurs fois, et j'ai trouvé en lui la même amitié qu'autrefois, plus affectueuse encore que jamais. Je sais par Drut qu'il a toujours de vives inquiétudes sur mon avenir, qu'il regarde la route que je suis comme menant droit à l'hôpital; à l'hôpital, dont vous menacent toujours comme d'un enfer, les hommes qui ne croient pas à l'enfer chrétien, car Saint-Cyr et toi, ma chère Thérèse, ne vous inquiétez pas pour moi de la même chose, tu ne me blâmerais pas de risquer la *terre* si c'était pour le *ciel*, et Saint-Cyr me blâme de m'exposer à la *misère*, lui qui s'exposerait demain à la *mort*, sur l'ordre d'un Soult ou d'un Sébastiani, et encore à une mort sans avenir, car je le crois peu arrêté sur une croyance à la vie future.

» Émile va donc avoir les honneurs et les fatigues du concile constitutionnel, je lui en fais mon compliment ; mais le poste est périlleux. Gare aux déboires de cette excellente opinion publique, gare à la roche Tarpéienne ; il est difficile de contenter tout le monde et les *électeurs ;* ces messieurs sont mobiles et plus girouettes encore que bien des gens qu'ils nomment ainsi, que Royer-Collard, Guizot et Broglie, par exemple. Émile aura beau être solide sur les étriers du juste-milieu et se cramponner à Dupin, ou bien vouloir se tenir entre lui et Mauguin sur le bord des selles ; il faut être bien bon écuyer pour ne pas être culbuté par l'un ou l'autre de ces habiles caracoleurs ; notre ami Prunelle, de Lyon, en est un exemple remarquable ; M. Humann, de Strasbourg, également ; et les Romanais ne valent pas mieux que les Lyonnais et les Strasbourgeois, ils aiment les charivaris. »

Enfantin fut de retour à Paris le samedi 25 juin, ainsi qu'il l'avait annoncé. Il put assister, le lendemain dimanche, à la prédication de la salle Taibout. Transon parla sur l'éducation, et il adressa tour à tour aux classes qui en ont le privilége, et à celles qui en subissent la privation, ces éloquentes et religieuses exhortations :

« Hommes et femmes des classes privilégiées,

vous à qui la Providence a donné le bienfait de l'éducation, de l'instruction, de la richesse, écoutez ! Vous n'êtes pas sans avoir éprouvé souvent une compassion vive pour les souffrances morales et physiques de la classe la plus nombreuse. Quand vous étiez penchés sur le berceau de vos jeunes enfants qui viennent si brillants à la vie, vous pensiez quelquefois à tant de malheureux qui n'ont pas de pain pour les leurs; qui manquent, hélas! pour leurs pauvres enfants, de feu, d'air et de lumière. — Oh ! quand vous entouriez de soins délicats, de prévenances empressées, les vieux jours d'un père ou d'une mère, vous avez songé souvent à tant de malheureux qui, pour n'être pas dévorés par la faim, lorsque leurs vieux parents sont à l'hôpital ou sur quelque triste grabat agonisants, sont forcés de les laisser seuls, ô mon Dieu! et d'aller chercher de l'*ouvrage*, quand ils voudraient ne s'employer qu'à leur fermer doucement les yeux. — Alors vous sentiez vos cœurs se gonfler d'une sainte pitié ; alors vous vouliez voler au secours de tous ces malheureux, car vous sentiez confusément que ce n'est pas le hasard qui vous a faits riches et puissants; vous sentiez dans vos cœurs, que Dieu vous a destinés à conquérir l'amour de tout ce pauvre peuple, en vous donnant les moyens de le sauver!... Hommes et femmes des classes privilégiées, je vous prie, qu'êtes-vous venus faire en cette enceinte? — Voir des baladins, comme on l'a dit quelque part, se donner en spectacle au public, ou peut-être entendre, comme en un cercle académique, quelque brillant discours! Oh! vous êtes venus ici pour quelque chose de mieux! — Écoutez! — Quand vos cœurs se gonflaient d'une sainte pitié, quand vous vouliez travailler à changer le sort du peuple, on venait vous dire : « Le peuple! mais il brise en Cornouailles toutes les machines; il pille, il incendie les ateliers et les manufactures. Le peuple! mais à Bruxelles, il poursuit des citoyens désarmés et les immole avec rage. Le peuple! mais il est dans vos rues, tumultueux, aigri, irrité, l'injure et la menace à la bouche! » Et alors vous faisiez taire votre pitié, alors, pour éviter d'épouvantables maux, vous consentiez qu'on maintînt à tout prix ce qui est, jusqu'au jour, si pareil jour devait jamais venir! où, mieux instruit sur ses vrais intérêts, le peuple n'élèverait plus, pour réclamer un meilleur sort, qu'une voix calme et pacifique. Eh bien! ce jour est venu! Nous sommes les représentants de la classe la plus nombreuse. Je vous le dis, en vérité, nous sommes devant vous la voix du peuple, sa voix calme et pacifique ; sa voix qui ne vient pas avec une servile humilité, comme au temps des chrétiens, demander une aumône stérile ; qui ne vient pas avec colère, comme en des jours de triste mémoire, réclamer une égalité mensongère, mais qui vient avec amour, vous inviter à ne plus former avec lui qu'une seule famille où nul ne soit condamné en naissant à la misère, à l'ignorance, à la dépravation ; une famille où tous soient unis des liens de la plus tendre affection, qui n'ait plus d'enfants abandonnés ni de vieillards délaissés, où chacun enfin soit estimé, honoré, aimé, suivant son mérite et ses œuvres.

» Et vous aussi, hommes et femmes de la classe la plus nombreuse, écoutez ? Nous sommes devant vous la voix des classes supérieures. Je vous le dis, en vérité, nous sommes ici les représentants des vraies supériorités sociales, les représentants de la science, de l'industrie et des beaux-arts, et nous venons vous enseigner, à vous, enfants jusqu'à ce jour déshérités des joies de la famille humaine, comment vous pourrez obtenir, pour vous et pour vos fils, votre part du divin héritage. Écoutez ! vos pères étaient serfs et vos aïeux étaient esclaves : vous avez détesté vos maîtres, et vous avez, avec violence, brisé les derniers anneaux de vos fers....

Gloire à vous! mais pensez-y! la haine est aujourd'hui indigne de l'homme; la violence ne peut que détruire, et l'humanité n'est pas si riche qu'elle puisse impunément détruire. Vous tous, qui postulez dans l'association humaine une place qui vous est due, sachez d'abord revêtir le calme religieux et la dignité sainte. Déposez toute haine et toute violence; accoutumez vos oreilles à nous entendre désormais condamner sans réserve, toute insurrection violente, nous qui fomentons, comme l'a dit notre maître, qui fomentons, nous ne nous en défendons pas, une insurrection morale; nous qui voulons que tout ce qu'il y a dans la société de sentiments nobles et généreux s'insurge contre la prépondérance du désœuvrement et les envahissements de la nullité. »

Duveyrier continuait la mission de Belgique. Il revint à la fin de juin à Paris. On lisait dans l'*Observateur du Hainaut*, en date du 28 de ce mois :

« M. Charles Duveyrier, chef de la mission saint-simonienne en Belgique, a passé dimanche dernier à Mons. Forcé de partir immédiatement pour Paris, il n'a pu réunir à la hâte qu'une cinquantaine de jeunes gens désireux de connaître cette doctrine nouvelle, qui inspire tant de zèle et de dévouement à ses disciples. Dans une brillante improvisation, qui a duré plus de trois heures, M. Duveyrier a exposé d'une manière claire et frappante de vérité, les principes politiques de la doctrine saint-simonienne. Sa parole éloquente et simple a été écoutée dans le silence et le recueillement, et au sortir de cette réunion chacun regrettait vivement que cet enseignement eût duré si peu. M. Duveyrier nous a fait espérer qu'à son retour de Paris, il resterait plus longtemps parmi nous. »

Les missionnaires qu'Enfantin avait emmenés avec lui à Dijon, n'y étaient pas restés non plus inactifs et silencieux. A la même date, le *Patriote de la Côte-d'Or* annonçait leur installation et rendait compte en quelques lignes de leurs premières séances.

« MM. Jules Lechevalier et Capella, disait-il, ont fait entendre avant-hier, pour la seconde fois, la parole saint-simonienne devant un nombreux auditoire [1] où l'on remarquait des personnes de toutes

1. Un frère du célèbre prédicateur catholique, Lacordaire, se trouva dans cet auditoire. La parole saint-simonienne l'impressionna si vivement qu'il écrivit à l'un de ses amis, membre du collége, deux lettres (des 3 et 6 juillet 1831) qui peignaient sa conversion progressive et rapide, et dont nous donnons ici un extrait :

« ... Je flottais dans un chaos d'idées tout à fait désespé-

les classes, de tous les rangs, et un grand nombre de dames. Les missionnaires de la nouvelle religion ont attaqué corps à corps, dans les deux premières prédications, la société actuelle; nous les attendons à l'exposition de leur doctrine. »

La mission du Midi venait de quitter Lyon pour se rendre à Grenoble. A Lyon, J. Reynaud, parlant

rant, lorsque, dans les derniers jours de juin, j'eus occasion d'aller à Dijon. Les disciples de Saint-Simon prêchaient depuis deux ou trois jours ; on ne parlait que d'eux ; les deux ou trois amis que j'ai là étaient saint-simoniens. Moitié curiosité, moitié entraînement, j'allai entendre M. Lechevalier dans la soirée des 28 et 30 juin. La salle était pleine jusques aux combles, et l'orateur fut écouté attentivement. Cependant c'étaient des catholiques, des libéraux, des républicains qui voyaient battre en ruine le catholicisme, le libéralisme, le républicanisme. A voir l'entraînement, la vive sympathie qui se manifestaient dans l'auditoire, et que je ressentais avec une émotion jusqu'alors inconnue, à mesure que les aveux de l'orateur témoignaient de plus en plus sa profonde conviction, je compris que tout cela n'était point factice, et qu'une doctrine qui enfantait tant de sentiments imprévus parmi les spectateurs, et tant de dévouement dans le cœur de cet homme de vingt-cinq ans, seul, en présence d'une foule si nombreuse; que cette doctrine, dis-je, n'était peut-être pas un système purement philosophique, mal prouvé en théorie, impossible dans la pratique, et qu'il pourrait bien renfermer les destinées de l'humanité. De là, le désir de l'étudier avec fruit, avec réflexion ; mais je n'ai pu voir que deux séances ; j'ai encore trois mois à passer ici par suite de mon engagement, et je n'ai aucun des documents qui sont nécessaires. Vois donc ce que tu pourrais m'envoyer pour me mettre sur la voie d'une instruction solide et capable de me faire juger avec connaissance de cause.....

— « Mon cher ami, deux fois j'ai entendu la voix des disciples

à des milliers d'auditeurs, les avait remplis d'admiration pour son talent et de sympathie pour la doctrine. Ses deux premiers discours, l'un sur la propriété, l'autre sur Dieu, avaient excité un enthousiasme universel. On s'expliquera aisément cette impression profonde en lisant la péroraison de sa seconde prédication.

« L'humanité, s'était-il écrié, se lève aujour-

de Saint-Simon, tes frères. Veux-tu savoir ce qui m'avait attiré près d'eux? Un vain sentiment de curiosité ; l'espoir d'une ample émission de railleries philosophiques... Et cependant, depuis ces deux soirées, qui ne s'effaceront plus de ma mémoire, quel changement dans mon être ! Quels sentiments, jusqu'alors inconnus, bouillonnent dans mon cœur et me font jeter sur ma vie passée un regard de mépris ! L'égoïsme des hommes, la perversité de leur cœur, m'inspiraient un profond dégoût; ils réveillaient dans mon âme le levain des passions haineuses, et sur les ruines de mes plus chères illusions, grandissait incessamment l'intérêt personnel, tempéré par un reste de catholicisme. Toujours en lutte entre mes devoirs et mes passions individuelles, entre les illusions effacées d'un âge plus heureux et la perspective d'un avenir sans espoir, j'étais malheureux, profondément malheureux..... Maintenant, je ne le suis plus, l'avenir s'offre à moi plein de vie et de jeunesse. Cette vie, cette jeunesse, sont celles de l'humanité vivante en Dieu, qui me renferme dans son sein, qui concentre en elle toutes mes affections, toute ma sympathie.....

« L'Europe qui s'ébranlait à la voix de saint Bernard, et qui sembla s'arracher de ses fondements pour se précipiter sur la Palestine et l'affranchir du joug du mahométisme, n'est plus pour moi un objet d'étonnement ! Par ce que j'éprouve, il m'est donné de comprendre cet ancien prodige de la foi chrétienne et d'espérer pour les classes souffrantes l'accomplissement prochain de meilleures destinées..... »

d'hui, et se voit au sein d'un Dieu qui, loin de l'abandonner en jouet au caprice du mal, l'enserre de toutes parts dans son éternel amour; elle ne se regarde plus sur la terre comme en un lieu d'exil et de déchéance, car elle sait déjà comment son industrie pourra rendre cette terre plus fertile et plus belle que le paradis de la *tradition*; elle voit déjà croître et grandir autour d'elle un arbre de la science dont les fruits ne lui sont pas défendus; elle sent que, de sa volonté seule dépend d'établir sur la terre le paradis évangélique où chacun doit être classé selon ses mérites et récompensé suivant ses œuvres. Elle déclare qu'il n'est point de légitimité césarienne qui puisse s'opposer aux progrès qu'elle réclame; que le principe du mal n'a point d'existence absolue, et elle se confie en ses forces pour transformer toute *souffrance* en un élément de progrès et de *bonheur*; elle dit que l'harmonie des mondes doit s'étendre aux sociétés de la terre, que la volonté de Dieu est toute puissante et ne reconnaît point de loi qui se tienne debout en dehors de la sienne; elle dit que la religion doit unir les efforts des hommes dans toutes les directions, les encourager par toutes les récompenses; augmenter leur *industrie*, en leur montrant la *richesse* comme prix de leur *travail*;

augmenter leur *science* en leur montrant *l'intelligence* comme prix de leurs recherches ; augmenmenter leur SYMPATHIE, en leur montrant le BONHEUR comme prix de leur ASSOCIATION.

» Elle vous croit, trop grand, ô mon Dieu! pour rien concevoir en dehors de votre immensité, et reconnaît que l'univers entier n'est que l'admirable manifestation de votre force. Elle vous croit trop sage pour concevoir autre que vous en votre conseil, et reconnaît que votre providence infinie enchaîne seule tous les phénomènes du monde. Elle vous croit trop grand, trop sage ou trop bon, pour rien concevoir qui puisse exciter votre colère, et reconnaît que rien n'altère la magnificence de votre éternelle sérénité ».

La mission du Midi avait été chaleureusement accueillie et patronée à Lyon par deux anciens amis d'Enfantin, Drut et Arlès.

Dès 1828, Drut avait été converti au saint-simonisme par Decaen qui, après avoir participé en 1826 à la rédaction du *Producteur*, s'était établi, comme manufacturier, dans les environs de Lyon. « Gloire à Saint-Simon ! avait écrit Enfantin à son vieux camarade de l'École polytechnique ; nous étions amis, nous voilà frères, mon cher Drut, j'embrasse Decaen de tout mon cœur pour l'influence qu'il a exercée sur toi. Il t'a fait voir la profondeur et la saleté de l'éteignoir que tu avais sur la tête, tu en gémis, tu es donc sauvé. »

En juillet 1831, le jeune voyageur de 1820, porté par les hardis travaux de son intelligence et de son âme, au rang de chef d'une religion nouvelle, put écrire au compagnon de ses excursions commerciales en Allemagne.

« Mon cher Arlès, je puis vous dire aussi mon cher fils, car vous êtes à nous aujourd'hui, plus encore par les promesses d'avenir que nous, enfants de Saint-Simon, vous avons données, que par les souvenirs de notre ancienne et bonne amitié ; nous avons élevé votre âme, agrandi votre intelligence et votre énergie, bien plus que n'auraient pu le faire toutes les caresses de l'amitié. Vous, ainsi qu'Holstein, j'étais bien sûr que vous viendriez où j'allais, car nous ne devions pas nous quitter. Je rends grâce à Jean et à Leroux du service *personnel* qu'ils m'ont rendu en vous communiquant la vie que je leur avais donnée. Nous n'avons rien fait encore directement avec l'Allemagne, et nous nous réjouissons que vous soyez un des premiers à y porter la doctrine. Vous y êtes aimé ; annoncés par vous, nous sommes certains que vous y laisserez quelques cœurs généreux, bien disposés à nous recevoir.....

« Vous craignez de ne pas être assez fort pour faire des conversions, vous vous trompez, et vous allez en juger vous-même. Jusqu'ici, avant la doctrine, vous ne vous sentiez guère embarrassé pour parler politique avec qui que ce soit, aujourd'hui vous seriez en présence du plus fort publiciste, vous le tiendriez dans votre main : or, toute question *spéciale* d'art, de science ou d'industrie peut être ramenée à une question *sociale*, politique, et nous nous inquiétons fort peu en ce moment de discuter une théorie chimique, mécanique, physiologique, et tous les iques du monde, sur le terrain étroit où sont placés ceux qui les traitent ; ce qu'il nous importe, c'est de les faire sortir de leurs masures d'*égoïstes* pour les amener dans le temple de l'*Association universelle;* c'est en leur qualité d'hommes, et non en leur qualité de savants en us, ou en x et en y, que nous leur parlons ; quant à ceux qui n'adopteront la doctrine que lorsqu'on leur montrera qu'avec elle on peut faire mieux qu'avec le catholicisme et le libéralisme, des *têtes d'épingle*, nous n'en avons pas encore besoin, leur temps n'est pas venu. »

X

(1831)

(Juillet-août.)

Tandis que la parole saint-simonienne retentissait avec tant d'éclat et de succès dans les principales villes de France et à l'étranger, une imposante cérémonie se préparait à Paris, dans le sein de la famille nouvelle.

COMMUNION GÉNÉRALE DE LA FAMILLE SAINT-SIMONIENNE

« Paris, vendredi 8 juillet (1831.)

« Le *degré des ouvriers* et le *degré préparatoire* remplissent l'enceinte.

» A neuf heures, *Raymond Bonheur*, membre du *troisième degré*, annonce le *troisième degré*, dont les membres vont prendre place dans la galerie du pourtour.

» Sont ensuite successivement annoncés et introduits le *second degré* et le COLLÉGE, dont les membres vont s'asseoir sur l'estrade.

» Enfin Raymond annonce les PÈRES SUPRÊMES, toute l'assemblée se lève.

» Les PÈRES SUPRÊMES entrent au milieu d'un profond recueillement, et vont siéger au centre de l'estrade.

» Olinde Rodrigue, membre du collége :

» MES PÈRES,

» Au nom de la famille saint-simonienne, je vous salue.

COMMUNION

Le PÈRE BAZARD.

» Enfants de Saint-Simon,

» Vous tous nos fils, nos filles.

» En ce jour, où suspendant le cours des travaux divers que vous vous partagez dans le sein de la religion nouvelle, vos pères vous appellent autour d'eux pour consacrer les œuvres que vous avez accomplies, pour vous dire celles que vous devez entreprendre, et puiser eux-mêmes au milieu de vous de nouvelles forces, de nouvelles inspirations; en ce jour, où vous voyant tous unis devant eux dans un même sentiment, dans une même attente, ils peuvent vous tenir à tous un même langage, chers enfants, recevez l'expression de leur amour, l'expression de la joie et du bonheur dont les remplit votre présence.

» En vous appelant à la vie nouvelle ; en guidant vos pas dans la voie de l'avenir, nous vous avons promis le progrès, un progrès constant. Enfants, ayez foi en nous : notre promesse s'est accomplie.

» Il y a quatre mois à peine qu'une solennité semblable à celle-ci vous réunissait autour de nous ; voyez ce que vous êtes devenus depuis cette époque.

» Votre foi, vos efforts pour la propager, étaient alors ignorés du plus grand nombre. — Aujourd'hui, sans doute, on se méprend encore généralement sur vos sentiments, sur vos pensées, sur vos actes ; mais votre existence est révélée à tous : les soins que vous avez mis jusqu'ici à annoncer l'avénement de la religion nouvelle, vous pouvez donc les consacrer désormais à la faire connaître, à dissiper les erreurs dont elle est l'objet, le dédain ou les craintes qu'elle a inspirés, enfin à la faire aimer, à faire désirer son triomphe ; l'attention maintenant fixée sur vous de toutes parts vous rend cette tâche facile.

» Déjà quelques missionnaires avaient porté votre nom hors de Paris ; mais ces tentatives toutes nouvelles étaient encore sans résultats appréciables. — Depuis ce temps, l'œuvre des missions s'est étendue et multipliée : la foi nouvelle est maintenant enseignée dans toute l'étendue de la Belgique ; elle l'est en ce moment en France, depuis Rouen, Lille, Metz et Strasbourg, jusqu'à Lyon, Grenoble, Montpellier et Toulouse. — Les fils que nous comptions alors loin de nous étaient isolés entre eux, ne se livrant que d'une manière incertaine à la propagation de leur foi, et n'y consacrant que la plus faible part de leur existence. — Aujourd'hui, sur plusieurs points importants de la France, ils se sont réunis, ils ont fondé des familles qui s'accroissent chaque jour, et dont les chefs ont voué leur vie tout entière à l'œuvre sainte de l'apostolat.

» Lors de cette première réunion, nous vous faisions remarquer que nous étions sans influence sur les débats qui se passaient autour de nous ; cette position a changé : la langue politique du monde qui nous entoure a été modifiée par les retentissements de la nôtre, et déjà les plus importantes de nos formules, celles qui proclament les droits du travail pacifique, les droits de la classe la plus nombreuse et la plus pauvre, commencent à se répéter en dehors de nous ; il s'en faut de beaucoup, sans doute, que toute leur portée soit encore sentie, mais elle ne peut plus tarder à l'être.

» Et maintenant, voyez les changements survenus dans votre propre sein. — A l'époque que nous rappelons à vos souvenirs, vous pouviez tous être contenus dans l'étroite enceinte d'une demeure particulière : depuis longtemps cette enceinte est devenue insuffisante, et déjà celle-ci vous contient à peine.

» Une seule femme alors était assise parmi nous ; ce jour-là, il est vrai, jour bien doux pour elle et plein d'espérance pour tous, une autre femme, une sœur, prenait place à ses côtés, tenant par la main quelques filles qui venaient se ranger à sa suite. — C'était là, sans doute, un grand progrès ; cependant, quelque faible que fût le nombre de nos fils, nos filles s'apercevaient à peine dans leurs rangs ; d'ailleurs nous n'avions point encore assigné d'emploi précis à leur amour, à leurs lumières, à leur activité, et presque toutes au milieu de leurs pères, de leurs frères, restaient sans attributions déterminées, sans fonctions.

» Aujourd'hui des femmes ont pris place dans les différents degrés de la hiérarchie ; dans tous les rangs où elles sont assises, elles sont les égales de l'homme ; toutes maintenant ont des fonctions à exercer, des travaux à accomplir, et chaque jour autour d'elles viennent se presser d'autres femmes, qui demandent avec ardeur à s'associer à leurs travaux.

» Saint-Simon, notre maître, Saint-Simon le Révélateur nouveau [1], nous avait enseigné que toutes les religions, que toutes les institutions sociales qui avaient successivement régné sur le monde, avaient eu constamment pour but et pour résultat l'AMÉLIORATION DU SORT DE LA CLASSE LA PLUS NOMBREUSE ET LA PLUS PAUVRE; que telle était invariablement la LOI DU PROGRÈS, que telle était, dans sa plus haute expression, la VOLONTÉ DE DIEU sur le développement de l'humanité; il nous avait enseigné qu'aucune religion nouvelle ne pouvait prétendre à fonder son empire, qu'aucune institution politique ne pouvait avoir de légitimité, et par conséquent de durée, qu'à cette SEULE CONDITION. — Pénétrés de cette vérité, embrasés de l'amour qui l'avait révélée à notre maître, nous n'avions cessé de nous préparer à la noble tâche qu'elle nous imposait; au jour dont nous vous parlons, quelques représentants de cette classe déshéritée figuraient déjà parmi nous; mais nos discours, nos actes, n'étaient point encore en harmonie avec leur présence, et eux-

1. Il ne faut pas oublier ce qui a été dit, dans *l'Avant-propos* de cette publication, sur le sens attaché par les saint-simoniens au mot : *révélation*.

mêmes, incertains à notre égard, ne sentaient que faiblement, vaguement, le lien qui unissait leur destinée à la nôtre : depuis lors, notre amour pour eux a trouvé une langue pour s'exprimer et conçu des actes pour se manifester ; aussi les voilà qui, pleins d'espoir pour eux-mêmes et de dévouement pour leurs semblables, accourent en foule à notre voix : aujourd'hui ce sont eux qui présentent l'aspect le plus imposant de cette fête de famille, qui est surtout la leur.

» Nous constations alors avec joie le progrès de l'association, de la COMMUNION dans notre propre sein ; cependant, pour la plupart d'entre vous, les affections les plus intimes, celles de la famille privée, restaient encore en dehors de la sanctification de la foi religieuse que vous aviez embrassée : cette réserve a cessé, et voilà qu'aujourd'hui, sans distinction des rangs où vous avaient placés l'ORDRE DE LA NAISSANCE, vous venez avec un égal empressement remettre entre nos mains les enfants qui vous sont nés, nous demandant de les consacrer à l'humanité, selon l'ORDRE nouveau voulu de Dieu, l'ORDRE DE LA CAPACITÉ; acceptant avec joie, avec confiance, pour ces objets de vos plus tendres affections, la part qui devra revenir à chacun d'eux dans cet ordre divin auquel nous présidons.

» Chers enfants, nous venons de vous dire les progrès que nous avons faits : vos pères se réjouissent, se glorifient en vous, réjouissez-vous, glorifiez-vous en vos pères. La religion nouvelle domine maintenant tous les aspects de votre existence ; vous pouvez donc en ce jour prétendre à une COMMUNION véritable, non plus à cette communion *mystique* du chrétien, qui, au milieu même de ses frères, le mettait seul en présence de Dieu, mais à une communion *réelle* et profonde, qui pénétrant, qui faisant vivre chacun de vous de la vie de tous, vous liera tous ensemble, dans le sein de Dieu, au monde qui vous entoure.

» Mais ce n'est pas pour que vous vous arrêtiez à contempler vos progrès que nous vous les signalons ; c'est pour que vous y trouviez le gage et l'indication de progrès nouveaux. Portez donc maintenant vos regards sur l'avenir, et voyez, avec les fruits qu'il vous promet, les travaux qu'il vous impose.

» Votre nom est connu de toute la France, et, sur plusieurs points importants de son territoire, des églises saint-simoniennes s'élèvent et prospèrent... Mais la France est-elle donc toute votre patrie ? L'incertitude générale à laquelle elle est livrée, l'anarchie profonde qu'elle recèle en son sein, l'anarchie violente qui la menace peut-être, la misère qui désole sa population, forment-elles donc pour elle un état exceptionnel? Non, sans doute, cet état est commun à toute l'Europe; vous le répétez chaque jour, et cependant la révélation dont le dépôt vous a été confié, et qui seule peut mettre un terme à tant de maux, a peine encore à franchir vos frontières. Enfants de SAINT-SIMON, toutes les nations réclament votre pacifique intervention, et d'abord l'Angleterre et l'Allemagne vous attendent.

» La société qui vous entoure commence à se servir de vos lumières, à se guider d'après vos inspirations..... Mais ce rapprochement si faible encore, elle refuse de l'avouer, elle vous méconnaît comme puissance morale, et ne se met en peine ni de vos censures ni de vos éloges; et cependant toute JUSTICE est en vous, puisque vous seuls sachant les destinées de l'humanité, vous seuls savez aussi le BIEN et le MAL. — Enfants, une LOI vous a été donnée pour JUGER, il faut que vous fassiez recevoir vos jugements.

» Et maintenant vous tous, apôtres, prêtres, missionnaires ou disciples fervents de la religion nouvelle, de la religion à qui l'empire du monde est promis, regardez autour de vous et considérez le lieu où vous êtes. — Est-ce là l'enceinte qui convient à vos solennités? suffit-elle à l'exaltation de votre amour? vos poitrines y respirent-elles à l'aise? vos oreilles et vos yeux y sont-ils satisfaits? Vous qui venez donner aux beaux-arts le secret des nobles inspirations, qui venez leur rendre la vie, ici vous cherchez en vain leur brillant cortége : les images ravissantes, les sons enivrants vous sont également refusés, et la parole, une parole à laquelle aucune autre ne répond, qu'aucune voix ne répète, compose seule encore tout l'éclat, toute la pompe de vos réunions; enfants, il vous faut un TEMPLE, il vous faut un CULTE.

» Nous avons proclamé l'affranchissement définitif de la femme, et, au milieu de vos unanimes acclamations, déjà nous lui avons donné place parmi vous, selon les droits nouveaux que nous lui reconnaissons.... — Cependant voyez; au rang suprême elle n'apparaît pas encore. L'homme qui, dans tout le passé, a été seul investi de l'autorité, a besoin d'apprendre à la partager avec la femme, sans perdre de sa force et de sa dignité, et la femme, dont la soumission jusqu'ici a été constamment le partage, a besoin de se préparer à l'avénement qui lui est annoncé, en achevant, sans révolte, de se dégager des derniers liens de son antique subalternité. Enfants, rappelez-vous sans cesse que L'INDIVIDU SOCIAL n'est plus l'homme seulement, mais l'homme et la femme, et que TOUTE FONCTION doit être remplie par un COUPLE.

» La classe la plus nombreuse et la plus pauvre se presse autour de nous; déjà, en lui montrant des cœurs animés des plus vives sympathies pour les souffrances qui l'accablent, en lui découvrant un meilleur avenir, nous lui avons rendu l'espérance; nous avons fait plus, nous lui avons promis dès à présent l'éducation pour ses enfants, et dans ses besoins, ses transactions de tous les jours, une paternelle intervention..... Cependant, nous ne pouvons offrir à quelques-uns le travail selon *l'association*, et nous nous voyons contraints d'abandonner le plus grand nombre à l'exploitation du monde extérieur, à la loi du salaire, à toutes ses misères, à ses incertitudes; enfants, vous répétez chaque jour, selon la mission que vous en avez reçue, que la loi suprême de l'ordre social aujourd'hui voulu de Dieu, est le CLASSEMENT SELON LA CAPACITÉ, LA RÉCOMPENSE SELON LES ŒUVRES. N'oubliez pas que tous ceux qui reconnaissent cette loi ont le droit d'en réclamer le bienfait.

» Nous venons de vous montrer la carrière de progrès que vous avez à parcourir, entrez-y avec confiance, il n'est pas d'obstacle dont votre amour, uni au nôtre, ne doive triompher. »

Le PÈRE ENFANTIN.

» CHERS ENFANTS,

» DIEU EST TOUT CE QUI EST;
» Tout est en lui, tout est par lui,
» Nul de nous n'est HORS de lui;
» Mais aucun de NOUS n'est lui.
» Chacun de nous vit de sa vie;
» Et tous nous COMMUNIONS en lui,
» Car il est TOUT CE QUI EST.

» Vous qui vous êtes donnés à NOUS, et NOUS qui vous avons donné une vie nouvelle;

» Vous qui nous apportez confiance, respect, obéissance, en échange de l'amour, de la science et de la puissance que vous recevez de NOUS;

» Nous, vos pères, et vous chers enfants,

» Par notre sainte COMMUNION nous formons ENSEMBLE le germe de la famille humaine.

» A nous, DIEU a donné mission de convertir progressivement le monde à cette UNIVERSELLE COMMUNION; il ne nous commande plus *d'exterminer* des peuples, ni de nous *immoler* nous-mêmes; CAR IL EST TOUT CE QUI EST. Loin de nous donner la communion barbare de l'*épée,* et la COMMUNION mystique de la *croix,* la loi du *sang* est effacée, les *jours* du sacrifice sont finis, l'heure de la COMMUNION D'AMOUR a sonné.

» Le monde n'est plus un pesant fardeau pour l'*homme* et l'homme ne foule pas le monde à ses pieds; ils ne sont plus ennemis, ils s'aiment, ils COMMUNIENT, car DIEU est *tout ce qui est;* il n'est pas relégué dans le *ciel,* et son règne n'est pas seulement sur la *terre.* Pour nous, l'humanité prend possession de cette terre que DIEU lui a promise par Moïse; avec nous, elle s'avance fière et glorieuse à la clarté de ce *ciel,* entrevu par JÉSUS et que DIEU, par SAINT-SIMON, nous a dévoilé; voici l'heure de la COMMUNION UNIVERSELLE de l'humanité et du monde.

» Pour accomplir notre divin apostolat, nous devons, vous le savez, ABOLIR TOUS LES PRIVILÉGES DE LA NAISSANCE, et RÉALISER LE CLASSEMENT SELON LA CAPACITÉ ET LA RÉCOMPENSE SELON LES ŒUVRES.

» Eh bien! c'est ce que, dès aujourd'hui, nous pouvons faire parmi nous.

» Au nom de DIEU, au nom de l'humanité qui cherche depuis son origine l'autorité pacifique et paternelle de la *capacité*, au nom de SAINT-SIMON qui la lui a révélée, nous venons d'abord proclamer devant vous, et consacrer par *notre* amour et par le *vôtre*, ceux de nos fils et celles de nos filles qui se sont élevés par *leurs œuvres*, et qui, par leur dévouement pour *vous*, ont mérité de se rapprocher de *nous*.

» Deux de nos fils, BOUFFARD et HOART, ont, sous la direction de leur père RESSÉGUIER, membre du collége, fondé l'ÉGLISE de *Toulouse*, dont les progrès sont grands.

» Aujourd'hui les trois degrés de la hiérarchie sont constitués dans cette ÉGLISE ; elle est entourée, comme nous, d'un degré *préparatoire* et d'un degré *d'ouvriers ;* ses enseignements s'adressent à plus de huit cents personnes, et de nombreuses ramifications l'unissent au Nord jusqu'à *Limoges*, au Midi jusqu'à *Toulon*.

» *Sorèze*, *Castres*, *Castelnaudary* et *Montauban* grandissent sous sa direction immédiate.

» Notre cher fils BOUFFARD était venu, il y a peu de temps, puiser des forces nouvelles près de nous, il est de retour à Toulouse ; son frère, HOART, jusqu'ici rattaché par une fonction *militaire* au monde que nous venons convertir à la paix, vient, pour se consacrer entièrement à notre œuvre sainte, d'écrire au ministre de la guerre la lettre suivante :

« Monsieur le Ministre,

» Je vous remets mon épée et mes épaulettes, témoignage honorable de votre confiance. Pendant seize ans je les ai portées, en m'en glorifiant avec dévotion, parce que je voyais en eux de glorieux moyens de servir l'humanité; je les dépose, parce qu'une dévotion plus large m'enseigne des moyens plus glorieux et plus puissants encore pour améliorer le sort moral, physique et intellectuel de la classe la plus nombreuse et la plus pauvre.

» Je suis Saint-Simonien.

» Mes pères m'ont dit, et j'ai senti que j'étais assez fort pour consacrer ma vie entière à la propagation de la foi nouvelle, je vous prie de recevoir ma démission. » Hoart.

» Chers enfants, au nom de DIEU et de Saint-Simon, au nom de l'humanité dont le bonheur est attaché à nos progrès, nous élevons au collége nos très-chers fils Hoart et Bouffard. »

O. Rodrigue se lève, et dit :

« MES PÈRES,

» Au nom de tous mes frères du Collége, je vous rends grâces de nous avoir donné deux frères que nous chérissons. »

Le PÈRE ENFANTIN :

« Chers enfants, l'église de *Belgique* est fondée; notre très-cher fils Duveyrier et son fils *Duguet* ont pu revenir près de nous tranquilles sur la famille que nous leur avions confiée, et qui, par leurs efforts, s'était affermie et étendue. Nos fils *Machereau* et *Toussaint* ont été chargés de continuer leur ouvrage; tous deux avaient puissamment contribué à la fondation de l'Église *belge*. A *Bruxelles* comme à *Toulouse*, la famille saint-simonienne, source de la famille universelle, se répand avec *ordre*, et féconde de sa parole *pacifique* ce peuple remué si profondément aujourd'hui par le désordre et la guerre.

» *Liége*, *Verviers*, *Huy*, *Mons*, *Louvain* et *Gand* ont été visités utilement par nos fils; *Machereau* et *Toussaint* entretiennent et dirigent les premières relations établies, afin de consacrer bientôt, dans chacune de ces villes, un centre de doctrine.

» A Toulouse, notre fils *Hennoque* fut l'un des premiers à recevoir de notre très-cher fils Hoart la vie nouvelle. Il sut faire plier la hiérarchie *militaire* devant la hiérarchie *pacifique*. Le commandant Hennoque reconnut dans le capitaine Hoart son chef, son guide, son père. Depuis lors, à *Montpellier*, à *Toulon*, *Nîmes* et *Arles*, notre fils nous a donné et nous donne chaque jour des preuves de son dévouement à l'amélioration de la classe la plus nombreuse et la plus pauvre, et aussi de son amour pour Nous.

» Et maintenant au milieu de vous qui nous entourez, nous avons distingué, parmi nos enfants du *troisième degré*, nos fils *Pin*, *Holstein*, *Robinet*, *Maurice*, *Lesbazeille*, et notre chère fille *Hortense Cazeaux*, qui nous donnent sans cesse des témoignages de leurs progrès.

» Au nom de DIEU et de SAINT-SIMON; au nom de l'humanité qui a besoin de nous, qui nous cherche et que notre voix appelle, nous élevons au *second degré* notre chère fille Hortense Cazeaux, et nos chers fils Machereau, Toussaint, Hennoque, Pin, Holstein, Robinet, Maurice et Lesbazeille.

» Chers enfants, prenez place au milieu de vos

frères et de vos sœurs; ils vous ont élevés à eux, et votre progrès les élève. »

FOURNEL se lève, et dit :

« MES PÈRES,

» Vous avez confié à Cécile et à moi la direction des DEGRÉS ; nous vous rendons grâces d'avoir donné à nos fils et à nos filles du second degré de nouveaux frères, une nouvelle sœur, et d'avoir ainsi rapproché de nous les enfants qu'appelait notre amour. »

Le PÈRE ENFANTIN.

« Chers enfants, la mission du Midi, confiée à notre très-cher fils LAURENT, glorieusement assisté par ses fils *Reynaud* et *Leroux*, a porté ses fruits ; nos fils ont quitté *Lyon*, en y fondant l'ÉGLISE nouvelle, dont ils ont remis la direction à notre fils François, déjà élu au troisième degré par les chefs de l'ÉGLISE de MONTPELLIER, élection que nous confirmons solennellement en ce jour, et à Peiffer, qui s'était approché d'eux avec amour, et s'était donné à nous. François et Peiffer sont déjà entourés d'un grand nombre d'hommes et de femmes désirant la vie nouvelle ; nous remettons en leurs mains le gouvernement de cette ÉGLISE, dont les destinées sont belles; nous avons foi en eux.

» A *Lille*, Godefroy, membre du degré préparatoire, a formé un centre de propagation; il a réuni autour de lui quelques hommes dévoués, auxquels il enseigne notre foi; il prépare ainsi dans cette ville le passage de la mission que nous allons bientôt envoyer dans le Nord.

» A Rouen, notre fils Bonnet a réuni toutes les personnes qui avaient été touchées par la parole de notre très-cher fils JULES LECHEVALIER, pendant sa mission de Normandie; avant peu, l'ÉGLISE de ROUEN, dont les premières bases ont été posées sous la direction de JULES LECHEVALIER, par nos fils *Guéroult*, *Lambert* et *Henri*, sera régulièrement formée.

» Dans la mission de l'Est, que JULES LECHEVALIER a ouverte à *Dijon* [1], d'une manière si brillante, nous avons remplacé notre cher fils *Robinet*, qui

1. La mission de l'Est se dirigea ensuite de Dijon sur Besançon. Voici quelques détails intéressants sur le passage des saint-simoniens dans cette dernière ville. Ils sont tirés d'une lettre de Jules Lechevalier.

« En arrivant à Besançon, nous nous sommes présentés chez M. Flavien de Magnoncour, maire de la ville, et nous lui avons fait connaître l'objet de notre venue. M. le maire nous dit que la *liberté des cultes* et de *l'enseignement* nous donnait ici, comme par toute la France, le droit de *libre parole*, et qu'il nous pro-

devait en faire partie, par A. Petit, membre du degré préparatoire, dont le zèle s'accroît chaque jour, et qui contribue de tous ses efforts aux

mettait la protection légale. Notre première réunion eut lieu le lendemain de cette entrevue.

» Trois cents personnes assistaient à cette réunion ; le sujet le plus délicat de notre exposition y fut traité. Nous abordâmes la *critique de la société actuelle* sans qu'aucun murmure vînt nous interrompre ; nous fûmes, j'ose le dire, écoutés avec avidité. A la deuxième séance, la foule s'était encore accrue. Il fut question de *l'organisation hiérarchique de la société saint-simonienne;* la même bienveillance nous accueillit. Entre les deux séances d'exposition, deux conférences se tinrent dans le même local, et la discussion engagée avec les représentants des divers partis politiques et religieux de la société actuelle, ne perdit jamais le caractère d'une conversation grave et calme entre des hommes de bonne foi, donnant toujours pour principe et pour fin aux doctrines qu'ils défendaient le *bonheur des hommes* et *l'organisation pacifique de la société.*

» C'est au milieu de ces paisibles travaux, qu'en l'absence de M. Flavien de Magnoncour, l'un des adjoints de la mairie nous fit sommer de cesser nos prédications si nous n'étions pas munis d'une *autorisation du gouvernement.* Nous nous rendîmes près de ce fonctionnaire ; nous avions à lui démontrer *l'illégalité,* tant au fond que dans la forme, de l'ordre qu'il prétendait nous donner ; nous avions de nombreux précédents à faire valoir ; nous nous regardions surtout comme bien libres de continuer un enseignement que jusque-là l'autorité municipale avait souffert sans opposition, aucun accident fâcheux n'étant venu d'ailleurs fournir prétexte à la mesure arbitraire prise contre nous. M. l'adjoint se borna à une difficulté sur nos passeports, éluda toute autre question, et nous donna des prétextes de politique locale, qu'en bon administrateur il eût mieux fait de passer sous silence.

» Nous allons donc partir : d'autres lieux nous appellent ; mais, comme les disciples de Jésus, nous ne secouons pas la poussière de nos souliers ; nous reviendrons quand on sera mieux disposé

succès que les travaux de ses pères nous assurent.

» Enfin nous sommes joyeux de pouvoir étendre

à nous entendre. Les hommes éclairés de tous les partis ont rendu justice à nos intentions et blâmé l'arbitraire dont on usait envers nous. Ici, comme toujours, l'opposition nous a fait des amis. C'est aux hommes éclairés de tous les partis que nous livrons les actes de l'autorité municipale; ils savent maintenant par qui ils doivent commencer pour préparer les esprits aux idées neuves. Notre cause est celle du progrès, sous quelque forme qu'il se présente, et tout homme de sens a compris aujourd'hui que le mal le plus profond, de tous ceux qui désolent le monde, c'est l'esprit d'immobilité.

» Et, quant aux hommes qui, par leurs puériles terreurs, ont essayé d'arrêter l'expression de nos sympathies pour les classes pauvres, qu'ils cessent de chercher ailleurs que dans leur étroit égoïsme le prétexte de leur crainte; qu'ils ne viennent plus, au nom de la liberté et en haine prétendue du jésuitisme, demander que la parole nous soit interdite; les jésuites les plus à craindre n'appartiennent point au catholicisme; les jésuites dangereux aujourd'hui sont les *libéraux hypocrites* qui, voyant la société arrivée à *leur point*, refusent de marcher vers l'avenir et demeurent insensibles aux douleurs de la classe la plus nombreuse; ceux-là savent employer la *calomnie*. Pour le moment, nous n'avons qu'une chose à leur demander : ils ont refusé de nous entendre, qu'ils cessent de nous accuser. Peut-être n'oseront-ils plus répéter que les saint-simoniens sont des agitateurs et des révolutionnaires. »

JULES LECHEVALIER,
Membre du collége de la religion saint-simonienne.
ÉMILE CAPELLA, du 3e degré.

En quittant Besançon, Lechevalier et Capella allèrent visiter Arbois et Salins — « où ils ont déposé, disait *le Globe* du 6 août, de bons germes qui fructifieront. »

ici même le cercle de notre famille, et d'y admettre aujourd'hui plusieurs d'entre vous :

» Bonnet, Camayou, Ducros, Eudes, Gallé, Moroch et Prati, vous êtes nos fils.

» Véturie Espagne et Anaïs Cazeaux, vous êtes nos filles.

» Au nom de DIEU et de SAINT-SIMON, au nomde toute la famille saint-simonienne et de l'humanité entière, que nous avons mission de convertir à nous, nous vous appelons au troisième degré, ainsi que vos frères Peiffer, Godefroy, Bonnet et A. Petit, qui, loin de nous, appellent à nous de nouveaux enfants.

» Anaïs Cazeaux, Véturie Espagne, Prati, Moroch, Gallé, Eudes, Ducros, Camayou, Bonnet, venez prendre place au milieu de vos frères et de vos sœurs. »

Cécile se lève et dit :

« MES PÈRES,

» Nous vous rendons grâces d'avoir donné à nos fils et à nos filles du troisième degré de nouveaux frères, de nouvelles sœurs, et d'avoir ainsi rapproché de nous les enfants qu'appelaient leur amour et le nôtre. »

Sur l'ordre des PÈRES SUPRÊMES, les MEMBRES DU COLLÉGE prennent successivement la parole pour communier avec les PÈRES, entre eux et avec la famille.

BARRAULT.

PRÉDICATIONS

« ENFANTS DE SAINT-SIMON,

» Vous qui n'avez qu'un nom, parce que vous n'avez qu'une foi, qu'une espérance, qu'un amour.

» Au nom des prédicateurs de la religion nouvelle et des artistes qu'elle commence à rallier,

» Je vous le dis :

» Par nous, nous la parole et le geste de NOS PÈRES, vous avez déjà, dans de courts mais délicieux instants, vécu d'une vie commune; que le souvenir de vos émotions ajoute à la joie profonde dont vous a pénétrés, la voix aimée, respectée, obéie de nos CHEFS SUPRÊMES.

» Mais que votre joie serait plus vive encore, si la famille dont vous faites partie était plus nombreuse ! Auprès du berceau de la foi saint-simonienne, que cette enceinte est vaste ! Auprès de l'empire promis à ses pacifiques conquêtes, que cette enceinte est étroite ! Ici, ici seulement sont les élus de Dieu ; ici, ici seulement sont les heureux du siècle ! car ici seulement on sait aimer et s'associer. Hors de cette enceinte, ce n'est que haine, désespoir, égarement ! Glorifiez-vous donc, enfants privilégiés de Dieu ! mais songez qu'il ne vous a choisis que pour appeler à lui le reste de l'humanité.

» A nous, à nous donc ! vous qui brûlez d'étendre le cercle de cette douce et majestueuse communion ! levez-vous, et venez répandre avec nous la parole d'amour, de sagesse et de force dont la terre a besoin ; venez transmettre, et renouveller sans cesse en la transmettant, l'inspiration féconde de NOS PÈRES, et, messagers de vie, la faire circuler dans tous les rangs de la société toujours croissante, afin que bientôt nous puissions de nouveau communier avec plus de joie, enfants de SAINT-SIMON, qui n'avons qu'un nom, parce que nous n'avons qu'une foi, qu'une espérance, qu'un amour. »

MICHEL CHEVALIER.

DIRECTION DES JOURNAUX

« MES PÈRES,

» Vous nous avez remis, à mon frère Cazeaux et à moi, le soin de répandre votre parole par les journaux. Nous avons acccepté cette fonction avec confiance; aidés des fils que vous nous avez adjoints, nous nous en acquitterons avec persévérance, avec joie.

» Enfants de Saint-Simon!

» C'est nous qui vous adressons la parole écrite des PÈRES SUPRÊMES ; c'est nous qui, chaque matin, vous mettons avec EUX en communion de sentiments et de pensées, afin que chaque jour vous dirigiez votre action politique conformément à leur volonté. C'est nous qui vous apprenons à reconnaître l'amour, la sagesse et la puissance de DIEU dans tous les faits qui s'accomplissent, car cet amour, cette sagesse, cette puissance ne sont pas moins empreints dans le présent que dans les traditions du passé et dans les promesses de l'avenir.

» ENFANTS DE SAINT-SIMON !

» Nous appelons votre concours pour l'œuvre dont nous a investis l'amour des PÈRES SUPRÊMES. Assistez-nous au dedans par votre collaboration, au dehors en propageant l'enseignement politique que nous vous transmettons. Absorbés par de nombreux travaux d'organisation première, nous n'avons pu jusqu'ici nouer avec vous ces relations intimes dont, comme nous, vous sentez le besoin. Soutenus aujourd'hui par ceux de nos fils qui se sont approchés de nous et qui ont grandi à nos côtés, et surtout par notre fils Saint-Chéron, nous pourrons désormais établir entre vous et nous ces rapports et ces épanchements qui de plus en plus nous feront aimer et connaître les uns des autres, et qui redoubleront nos forces à tous pour répandre la foi que SAINT-SIMON nous a laissée pour héritage.

HIPPOLYTE CARNOT.

DIRECTION DES ENSEIGNEMENTS

« MES PÈRES,

» Parmi les nombreux travaux qui naguère encore occupaient, tous à la fois, votre dévouement sans l'épuiser ; qui, grâces à notre activité, ont pris tant d'extension, mais pour lesquels vous avez su former des successeurs capables de vous continuer dignement ; parmi ces travaux il en est que vous avez particulièrement confiés aux soins de mon frère DUGIED et aux miens : notre mission est l'ENSEIGNEMENT PUBLIC de la doctrine saint-simonienne. Nos premiers efforts dans cette voie, si largement ouverte par l'un de vous, ont été couronnés de succès, et nous ont mérité vos suffrages ; vous le savez, entre les disciples qui nous entourent, il en est plus d'un que notre voix a conviés au nouveau banquet religieux. Nous allons, assistés par nos fils Simon, Guéroult, Lambert, etc., poursuivre cette œuvre qui s'agrandit chaque jour, et bientôt dans cette enceinte, aux accents sympathiques des prédicateurs, va succéder notre parole, plus rationelle, mais sympathique en même temps ; car l'union de l'amour à la science, comme à l'industrie, est désormais indissoluble et sacrée.

» Mes fils, vous que votre vocation appelle à partager nos travaux, dites aux nombreux auditeurs qui se pressent au pied de nos chaires tout ce qu'a fait SAINT-SIMON, et tout ce que sa doctrine est appelée à faire ; étudiez avec eux la carrière glorieuse de l'humanité, s'avançant d'un pas assuré au milieu des luttes toujours décroissantes vers un avenir de paix et d'harmonie; montrez-leur, au terme de son développement, cette vaste unité qui doit un jour couvrir le monde, sans nuire à la diversité non moins étonnante de ses innombrables accidents; apprenez-leur par quelle route ils peuvent se diriger vers cet avenir, où l'affection des chefs et la confiance qu'ils inspireront, seront les gages à la fois de l'obéissance et de la liberté. »

CHARLES DUVEYRIER.

MISSIONS ET ÉGLISES EXTÉRIEURES

« ENFANTS DE SAINT-SIMON !

» Au nom de mes frères Laurent, Jules, Bouffard, Hoart et Rességuier ; au nom de vos frères, de vos sœurs et de vos fils, occupés loin de nous à étendre le cercle de la sainte famille universelle, je prends la parole, afin que les ABSENTS soient vivants par nos tendres souvenirs, au milieu de cette première et solennelle assemblée.

» C'est l'amour, la sagesse et la puissance qu'ils ont reçus de vous, ô MES PÈRES ! que vos nombreux enfants brûlent de répandre afin de s'attacher par des liens semblables à ceux qui unissent à nous toutes les âmes fortes, tous les cœurs brûlants qui dépérissent de langueur ou s'épuisent en luttes stériles, dans l'ignorance où ils sont des nouvelles promesses.

» Ceux d'entre nous, qui ne s'éloignent pas de la tutelle des pères, qui ne cessent de jouir de tous les secours et de toutes les douceurs de la famille, ceux-là accueillent avec des bénédictions et des transports de joie le récit des œuvres accomplies loin du foyer paternel; de même, loin de nous, enfants de Saint-Simon, quel enthousiasme excitent dans le cœur des absents, vos nombreux et continuels progrès! C'est ainsi que du centre à la circonférence, et de tous les points de la circonférence au centre, rayonne cette double vie qui va s'élargissant, envahissant la France, bientôt l'Europe et un jour le monde.

» Courage donc! qu'une noble ardeur enflamme le cœur de ceux qui sentent la vie nouvelle assez amassée en eux pour courir la répandre. Enfants! nous vous avons ouvert la voie : des villes nombreuses, des peuples entiers, réclament votre dévouement, chers enfants, suivez-nous! »

EDMOND TALABOT.

PROPAGATION INDIVIDUELLE

« MES PÈRES,

» Naguère je maudissais une existence sans but, agitée par l'incertitude et la souffrance. Tout à coup votre voix se fit entendre, l'espérance d'un avenir meilleur pour l'humanité, pour moi, pénétra dans mon cœur, je m'inclinai, je vous appelai MES PÈRES.

» Dès ce moment, embrasé d'un insatiable désir de donner à tous la vie nouvelle que j'avais reçue de vous, je m'élançai au milieu de la foule qui vous accueillait encore par ses injures et ses mépris. Là, d'un œil brûlant d'amour, je lisais sur des fronts soucieux ou moqueurs le signe du nouvel apostolat. Radieux d'espérance et de joie, je revenais vers vous en vous disant MES PÈRES, encore un fils pour vous ! gloire à vous !

» Mes fils, mes filles, je suis la voix des pères de l'humanité, qui vous INITIE à la VIE NOUVELLE. Que vos cœurs me soient donc toujours ouverts, car je brûle d'y déposer le germe fécond que d'autres mains doivent cultiver, afin que chacun de vous soit élu à la place qu'il aura méritée par la puissance de son amour, de son intelligence et de son énergie. Mes fils, mes filles, grandissez, et, par la bouche de vos pères, l'humanité vous bénira.

» Mes frères, mes sœurs, chaque jour en voyant s'accroître l'amour qui nous unit ensemble et nous lie à nos pères et à nos fils, je sens grandir en moi le désir de vous chercher partout de nouveaux frères, de nouvelles sœurs, qui puissent accroître et partager notre bonheur et notre puissance. Mes frères, mes sœurs, aimez-moi comme je vous aime. »

HENRI FOURNEL.

ENSEIGNEMENT DES OUVRIERS

« MES PÈRES,

» Peu de mois se sont écoulés depuis le jour où la famille saint-simonienne, pressée autour de vous, se félicitait d'un progrès immense, l'admission des femmes dans la hiérarchie. Mais la femme a une compagne d'affranchissement, et cette compagne ne devait pas tarder à la suivre dans la voie de l'initiation nouvelle, je veux parler de la classe LA PLUS NOMBREUSE ET LA PLUS PAUVRE.

« Vous pressentiez, MES PÈRES, qu'il devait y avoir simultanéité dans ces deux émancipations, vos prévisions ont été justifiées, car on peut dire que la classe déshéritée s'est autant avancée vers nous que nous avons marché au-devant d'elle.

» Vous savez, CHERS FILS, si le jour où nos mains se sont touchées a été pour nous un beau jour! Alors seulement, nous nous sentîmes vivre complétement de la vie saint-simonienne; alors disparurent les vagues reproches de théorie mystique que l'on adressait à notre sublime religion, nous donnions au monde la preuve éclatante que notre parole s'adressait à tous et était entendue de tous.

» MES PÈRES,

» Vous avez confié à ma sœur Claire et à moi la tâche de guider, d'instruire cette classe laborieuse vers laquelle toutes nos sympathies nous appelaient; vous nous avez commandé de l'initier aux vérités et à la pratique de la religion nouvelle, et nous avons obéi avec joie, parce que là, comme toujours, vos ordres étaient la révélation d'un désir déjà senti par nous.

» Nous avons compris la haute importance

d'une pareille fonction, et nous avons la confiance que jusqu'à ce jour nous l'avons dignement remplie; car, de tous ces hommes du vieux monde, nous avons fait des hommes nouveaux. Ils avaient foi dans la violence, et aujourd'hui ils n'ont foi qu'à la puissance de votre parole pacifique pour améliorer leur sort. Ils étaient incrédules parce qu'ils se voyaient abandonnés de Dieu, et ils ont reconnu les envoyés de Dieu même, dans les hommes qui versaient sur eux les trésors de votre amour. Ils murmuraient contre tous les pouvoirs, et ils ont appris à bénir le vôtre, en se glorifiant de devenir vos fils. Ils étaient impatients d'une brusque émancipation, et ils ont compris que c'était à la condition de longs efforts que cette émancipation *pacifiquement* conquise pouvait être complète.

» MES PÈRES,

» Tous sont aujourd'hui vos enfants dévoués, ils portent à leurs frères découragés les espérances de bonheur que vous avez rendues à leurs cœurs, et bientôt, grâce à leur ardent prosélytisme, la voix de toutes les populations souffrantes sera comme l'écho de la voix de SAINT-SIMON. »

CÉCILE FOURNEL.

AU NOM DES FEMMES

« Vous m'avez chargée de présider aux travaux que les femmes doivent particulièrement accomplir dans le sein de la doctrine, et de préparer celles qui s'approchent de nous à y recevoir une fonction; vous m'avez dit de cultiver, de développer, autant que j'en aurais puissance, tout ce qu'il y a d'intelligence, de force et d'amour, dans ces êtres tant comprimés dont vous proclamez l'affranchissement; vous m'avez commandé de leur montrer que dans notre sublime hiérarchie, dans la sainte AUTORITÉ qu'elle consacre, peut seulement se trouver pour elles la LIBERTÉ qu'elles cherchent avec tant d'ardeur.

» Si j'ai tremblé d'être au-dessous de cette noble tâche, bientôt cependant j'en ai compris toute l'importance, et je me suis sentie forte de mon amour pour VOUS et pour celles que vous vouliez confier à mes soins; je me suis sentie forte de mon dévouement, de mon amour pour tous. Je vous ai obéi, MES PÈRES, et le bonheur que je trouve dans l'exercice de ces fonctions maternelles que vous m'avez données, la joie que je sens de contribuer à resserrer le lien sacré qui existe entre vous et chacune de mes filles, la pensée de les unir entre elles, l'espérance de m'en faire aimer, fondée sur la tendresse que j'ai pour elles, tout cela fait ma vie, et une vie animée, remplie, que je vous dois, que j'aime à vous devoir.

» Enfants de Saint-Simon !

» Je vous demande à tous votre amour, et vous ne le refuserez pas à celle qui consacre sa vie à vous chercher, à vous trouver des mères, des filles et des sœurs.

» Vous, mes filles, vous qui me voyez heureuse de chaque progrès que vous accomplissez, redoublez de zèle, grandissez à chaque instant devant DIEU, et que ce jour qui établit une sainte communion, non-seulement entre les membres de la hiérarchie saint-simonienne et vous, mais entre nous tous et ce monde qui souffre en dehors de nous; que ce jour où ces jeunes enfants vont être unis à tous ceux de la grande famille, vienne accroître, exalter notre dévouement à la cause sacrée de l'humanité, et nous fasse trouver dans notre amour pour elle la force que demande l'œuvre que nous venons accomplir.

» MES PÈRES,

» Animée par le désir de me rendre chaque jour plus digne du nom de votre fille, joyeuse de sentir dans mon cœur cet amour vraiment saint et religieux qui fait que ce nom est si doux pour moi, je vous rends grâce de me l'avoir donné, de m'avoir élevée, soutenue, et j'irai toujours avec confiance puiser près de vous de nouvelles forces, un nouvel amour, sûre que votre tendresse paternelle saura me rendre facile tous les efforts, tous les progrès. »

G. D'EICHTHAL.

TRAVAUX INDUSTRIELS.

« MES PÈRES,

» Vous nous avez dit : plus d'*anathème* sur la *matière;* plus de cendres ni de cilice, de jeûne ni de macération; plus de vêtements poudreux, de demeures étroites et sombres, et aussi plus d'esclavage, plus de servitude, plus de salaire; mais à tous la santé, la force, la richesse; à tous les honneurs du temple et les joies de l'association. Pour vous, l'INDUSTRIE est *sainte* à l'égal de la SCIENCE; vous embrassez l'une et l'autre d'un égal amour. C'est pourquoi, mes Pères, vous avez plus particulièrement chargé l'un de vos fils de distribuer aux membres de votre famille les travaux et les bienfaits de l'industrie. Merci de votre confiance. Au nom des fils que vous m'avez donnés, de ceux-là surtout qui me secondent le plus assidûment, au nom de Henri et des deux frères Pereire, merci! Grâces vous soient rendues, ô mes Pères!

» MES FRÈRES! MES SŒURS!

» Vous que je ne puis nommer sans un religieux attendrissement, vous que j'aime et qui m'aimez plus que jamais ne s'aimèrent frères selon la naissance, soyez bénis! car notre amour a de bonne heure été la récompense des utiles mais obscurs travaux accomplis par votre frère au milieu de la famille. Vous vous êtes réjouis des efforts par moi tentés pour donner à nos fils quelques-unes de ces habitudes d'ordre et d'industrie que l'éducation actuelle, si complétement étrangère à la plupart des hommes, néglige, et que notre religion nouvelle nous prescrit cependant comme de saints devoirs. Vous avez aussi, devançant l'avenir, reconnu dans notre œuvre naissante le germe de cette grande rénovation, qui doit à la fin réunir en une vie commune les éléments aujourd'hui divisés et ennemis du corps industriel.

» Et vous, ENFANTS DE SAINT-SIMON, écoutez :

» L'Église chrétienne, impuissante à fonder sur une base certaine le bonheur matériel de la classe la plus nombreuse, avait dû l'abandonner aux ressources insuffisantes et douteuses de l'aumône du riche, et lui prescrire de *demander à son seigneur son pain quotidien...* SAINT-SIMON est venu pour mettre un terme à cette misère et à cette anxiété. Il veut que chaque jour, sans l'avoir demandé, chacun de ses enfants *obtienne* et *mange le pain qu'il aura mérité*. Déjà, vous le savez, au sein de notre famille, cette paternelle prévoyance commence à s'exercer.

» Mes fils, mes filles,

» Vous êtes libres des cruels soucis qui, en dehors de vous, déchirent tant d'hommes infortunés. Réjouissez-vous donc ; mais n'oubliez pas que ce fardeau dont NOS PÈRES vous ont débarrassés, ils l'ont assumé tout entier sur eux-mêmes, et, pour le supporter sans fléchir, il ne leur faut rien moins que leur inébranlable confiance dans la promesse divine, rien moins que leurs hautes lumières et leur inépuisable énergie !.... Moi-même, le dirai-je, vous m'avez vu, ô MES PÈRES, inquiet et préoccupé, et trop faible un moment pour la tâche que vous m'avez confiée, venir à vous et comme autrefois, dans le désert, Moïse au Dieu d'Israël, vous dire : OU TROUVERAI-JE DE LA CHAIR POUR TOUTE CETTE MULTITUDE ?...

» Mais, ô MES PÈRES, un regard de vos yeux, un sourire de votre bouche, me rendaient mon ardeur ; et vous, apercevant sur les marches du temple quelqu'un de vos néophytes, vous m'envoyiez vers lui, et par ma bouche, au nom de la classe la plus nombreuse et la plus pauvre, vous lui demandiez de venir lui apporter les trésors dont il était dépositaire... Et il me suivait, et je reparaissais devant vous, heureux de vous amener un nouveau fils ; heureux de me sentir moi-même plein d'une foi nouvelle en votre amour ; ô MES PÈRES, en votre amour qui verse sur vos enfants la nourriture, la lumière et la vie.

» Gloire à nos Pères, car ils ont foi dans leur fils !

» Gloire à nos fils, car ils ont foi dans leurs Pères !

» Enfants de SAINT-SIMON, que nos cœurs tressaillent de joie, car l'AVENIR EST A NOUS. »

ADOPTION DES ENFANTS

OLINDE RODRIGUE

PRÉSENTANT LES ENFANTS

« CHEFS SUPRÊMES DE LA RELIGION,

» Nous venons en notre propre nom, au nom des pères et des mères qui reconnaissent notre foi, au nom de tous les parents dont notre amour devance les vœux, nous venons, ma sœur et moi, membres intimes de votre famille, vous demander d'admettre au sein de la COMMUNION UNIVERSELLE, fondée par SAINT-SIMON, ces jeunes enfants, que Dieu nous a donnés, et pour lesquels, en dehors de vous, nous n'apercevons que trouble et angoisse, afin que par votre ordre ils soient élevés dans la religion de SAINT-SIMON, que sous votre haute et tutélaire direction ils apprennent à aimer, connaître et pratiquer DIEU, ainsi que SAINT-SIMON, par vous, PÈRES SUPRÊMES, nous le fait aimer, connaître et pratiquer. Que leurs noms, ô PÈRES SUPRÊMES, soient donc inscrits sur le livre de VIE. »

LE PÈRE ENFANTIN.

« CHERS ENFANTS,

» En élevant nos fils et nos filles dans les divers degrés de notre sainte hiérarchie, nous avons accompli avec vous et pour vous le divin précepte de la RÉCOMPENSE SELON LES ŒUVRES, et voici maintenant que devant ces petits enfants vont tomber tous les PRIVILÉGES DE LA NAISSANCE.

» Enfants de SAINT-SIMON, au nom de Dieu, au nom de l'humanité dans laquelle gémissent tant de mères délaissées, tant d'enfants orphelins, vous, nos chers enfants, et nous, vos pères, nous tous adoptons solennellement ces enfants.

» Nous les recevons au saint baptême de l'*égalité*, et tous nos efforts tendront à reconnaître et développer leurs vocations, afin de les classer *diversement* un jour selon leur capacité et de les rétribuer *inégalement* selon leurs œuvres.

» Parmi nous plus de priviléges de sexe et de

naissance ; l'inférieur n'est plus l'*esclave* du supérieur, ils sont *associés;* l'homme n'est plus le *maître* de la femme, ils sont *mariés;* un peuple n'est plus le *tributaire* d'un autre peuple, ils forment UNE SEULE FAMILLE.

« DIEU est TOUT CE QUI EST,
» Tout est en lui, tout est par lui,
» Nul de NOUS n'est hors de lui,
» Mais aucun de NOUS n'est lui.
» CHACUN de nous vit de sa vie
» Et TOUS NOUS COMMUNIONS EN LUI,
» Car il est TOUT CE QUI EST. »

LE PÈRE BAZARD.

« Vous qui remettez sans réserve en nos mains l'avenir de ces enfants, nous vous promettons de leur rappeler sans cesse ce qu'ils doivent d'amour à ceux dont ils ont reçu le bienfait de la vie, à ceux dont la tendre sollicitude, dont la religieuse prévoyance leur a assuré l'appui de tous ; nous vous promettons, à chaque lien nouveau qu'ils devront contracter, à chaque nouvel amour qui devra pénétrer leur cœur, de fortifier le lien et l'amour qui les unissent à nous. Et vous tous, nos fils et nos filles, c'est en votre nom comme au nôtre que nous adoptons ces enfants ; aimez-les, guidez-les, entourez-les de tous vos soins dans la carrière qui s'ouvre pour eux; nous vous promettons, en retour, de développer pour vous, et pour vos propres enfants, tout ce que Dieu a mis en eux d'*amour*, d'*intelligence* et de *force*. »

CLAIRE BAZARD.

« MES PÈRES,

» Vous les disciples bien-aimés de SAINT-SIMON, notre maître, au nom de l'humanité dont vous venez de faire une seule famille, en adoptant ces jeunes enfants qui sont devenus les nôtres; ô mes Pères, au nom de ces enfants, au nom de cette humanité, laissez-moi vous remercier.

» Par cette adoption sainte, vous venez de COMMUNIER *avec nous tous*, et de nous faire tous communier *entre nous* et *avec vous*. Vous venez de proclamer l'égalité de l'homme à sa naissance, en imposant avec le même amour, avec les mêmes promesses de protection et de sollicitude, votre main paternelle sur l'enfant que le privilége de la naissance devait recevoir dans ses bras caressants, aussi bien que sur l'enfant qu'il devait saisir à son entrée à la vie, pour l'engourdir et le briser par un terrible anathème, pour le marquer au front du signe ineffaçable de la réprobation sociale.

» Oui, je vous rends grâces pour tous et au nom de tous, ô MES PÈRES! Ce sacrement de l'adoption, qui nous fait aujourd'hui communier tous ensemble, va redoubler notre courage pour mériter, pour obtenir les autres sacrements qui nous rapprocheront de plus en plus de DIEU, en élevant, sanctifiant sans cesse chacun des actes de notre vie.

» O mes Pères, recevez par ma voix les actions de grâce de notre heureuse famille, de ces femmes surtout et de cette classe nombreuse et pauvre, qui souffrent des mêmes maux, et auxquelles vous m'avez ordonné de porter les mêmes consolations, les premières paroles d'affranchissement et d'espérance; de ces femmes et de cette classe pauvre, qui, pleines de reconnaissance, vous entourent de leur amour et de leur respect. Recevez, enfin, les actions de grâce de l'humanité tout entière, qui, un jour, vous rendra tout l'amour que vous lui donnez aujourd'hui.

» MES FILLES, MES FILS,

» Ne sentez-vous pas, dans cette solennité si

touchante qui nous réunit aujourd'hui sous les yeux de nos Pères, le premier gage de ces communions générales qui attendent l'avenir de l'humanité ? Ne sentez-vous pas l'acheminement à cette association désirée que nous avons annoncée à toutes les classes de la société, aux hommes de toutes les classes ? Mais surtout ne sentez-vous pas que cette adoption solennelle des enfants réalise la famille nouvelle annoncée par notre maître ?

» O mes fils, mes filles, réjouissez-vous, glorifiez-vous, vous tous, qui pleins de foi, accourant des premiers à la voix de SAINT-SIMON, nous apportez ce que vous avez de plus précieux, les enfants qui vous sont nés, qui seuls vous faisaient encore sentir l'amour au milieu d'un monde d'égoïsme ; vos enfants que, pleins d'espoir en nous, vous venez déposer entre nos mains comme le gage de la nouvelle alliance, de l'alliance qui réunira tous les peuples un jour.

» Oui, par vous qui venez à nous de toutes les classes de la société, classes divisées et ennemies, toute haine enfin et toute hostilité vont cesser, car vos enfants, qui semblaient destinés à hériter de vos luttes, de vos haines, réunis désormais par une même éducation, soumis à une même loi morale, la *loi du classement suivant la capacité, de la rétribution suivant les œuvres*, vos enfants, en unissant vos cœurs dans une même espérance, vont confondre aussi tous vos intérêts.

» Mais écoutez, écoutez : vos cœurs généreux peut-être ont cru ne semer que pour un lointain avenir. Eh bien, votre Mère vous le dit, elle est heureuse de vous le dire : c'est pour le présent aussi que vous venez de travailler, c'est du présent aussi que vous allez recevoir une partie de la récompense.

» Dans votre amour paternel, n'avez-vous pas été mille fois atteints par d'épouvantables angoisses? N'avez-vous pas senti combien était faible et peu sûre cette providence étroite dont vous pouviez seulement entourer vos enfants? N'avez-vous pas craint tour à tour, ou de les voir tomber plus bas que vous, ou de les voir s'élever au-dessus de vous; car, vous le savez, soit qu'ils descendent ou qu'ils montent, une douleur vous attend? La fatalité de la naissance n'est-elle pas là, toujours là, pour vous faire rejeter par eux ou vous faire rougir de votre paternité.

» Eh bien, nous, au nom de SAINT-SIMON, notre maître, au nom de vos Pères, nous vous promettons, pour prix de votre confiance, de votre foi profonde, que tous ces maux disparaîtront pour vous; vos enfants, par nous, vont se trouver entourés de la providence sociale qui épiera les désirs, les besoins, les sentiments de chacun; non plus pour les étouffer, non plus pour les comprimer, mais pour les développer, les régler, les diriger dans toutes les situations de leur vie; c'est donc vraiment par nous qu'ils communieront avec vous, comme aujourd'hui par eux nous communions tous ensemble; car à chaque joie qu'ils éprouveront, à chacun de leurs désirs satisfaits, nous leur apprendrons à unir dans leurs actions de grâce et vos noms et les noms de leurs parents d'adoption. Ils sauront, ils sentiront surtout que s'ils doivent aimer ceux qui savent rendre leur vie si précieuse et si douce, ils doivent aimer aussi, bénir à chaque instant le tendre père, la tendre mère qui leur ont donné cette vie de bonheur et d'amour.

» Mais je veux m'adresser encore et particulièrement à vous, à vous femmes, vous qui les premières avez répondu à ma voix ; écoutez-moi, car je vous demande un cœur et des soins de mère pour les enfants que nos Pères nous confient; car je vous promets que l'amour accordé par vous à chacun d'eux sera rendu par tous à vos heureux enfants.

» Oh! mes chères filles, si la loi de Dieu vous

est si bien révélée, si vous sentez avec joie, avec reconnaissance, que vous n'avez pas été seulement pour l'homme une *esclave opprimée,* mais aussi une vision d'espérance et de paix, une révélation d'amour; si vos cœurs, déchirés par le sort des classes pauvres, comprennent enfin que ces classes infortunées ne pourront être affranchies qu'avec vous et avec votre secours, vous ne courberez plus la tête, comme vous le faites encore, sous les traditions de votre antique esclavage; mais, prenant dans vos bras et vos enfants et les enfants qui, par leur naissance, étaient condamnés à vivre loin de vous dans la misère, fortes d'espérances et d'amour, au cri de SAINT-SIMON, cri d'affranchissement pour la femme et le pauvre, vous vous élancerez avec joie dans le chemin de l'avenir.

» Et vous, jeunes et douces filles, vous qui, vous développant dans la famille saint-simonienne, ne connaissez les maux passés que par le récit de vos mères, vous qui jouissez du présent, attendant tout d l'avenir, jeunes filles si heureuses et si pures, ne vous endormez pas au parfum des fleurs qui croissent sous vos pas; il est d'autres jeunes filles, de pauvres orphelines qui errent désolées, sans appui. A vous, à vous, chères enfants, de leur tendre une main secourable, de leur révéler le charme de cette touchante communion, de les y appeler, de les unir à la grande famille.

» O jeunes filles, vous le savez, la vierge juive était belle, heureuse et bénie, parce que d'elle pouvait naître le Sauveur du monde; vous aussi vous êtes bénies, heureuses et belles, car peut-être serez-vous les mères des chefs aimants qui réuniront tous les peuples dans une même communion. »

OLINDE RODRIGUE.

« MES PÈRES,

» C'est au disciple de SAINT-SIMON, qui fut auprès du révélateur le premier membre de cette société nouvelle, vraie famille selon l'AMOUR, la *chair* et l'*esprit* dont vous êtes aujourd'hui les CHEFS GLORIEUX, les PÈRES tendres et vénérés, c'est à celui qui vous transmit l'*héritage* impérissable de SAINT-SIMON, c'est à *moi* de constater le progrès accompli en ce jour solennel.

» ENFANTS DE SAINT-SIMON,

» Il y a peu de mois que furent réunis, pour la première fois, tous les rangs de la société SAINT-

SIMONIENNE. Alors, comme aujourd'hui, ramenant vos regards sur le passé, vous faisant contempler avec nous, pleins de joie, l'espace parcouru, depuis le réduit obscur, la chambre de misère, la mansarde où mourut SAINT-SIMON il y a six ans, jusqu'à cette réunion nombreuse d'hommes et de femmes qui se glorifiaient d'invoquer son nom, je vous faisais admirer le développement de notre doctrine, la puissance de notre apostolat, l'éclat de nos premières missions. Je vous montrais, dans ces femmes religieusement assises avec nous, le témoignage certain de l'émancipation promise à tout leur sexe; et, dans ce petit nombre d'*ouvriers* épars alors au milieu de nous, je vous signalais la venue prochaine de la classe la plus nombreuse et la plus pauvre. Eh bien, enfants de SAINT-SIMON, mesurez avec moi le pas immense que nous avons franchi depuis cette première et encore bien imparfaite communion. Je ne m'arrêterai point sur notre développement extérieur, sur les travaux d'enseignement et de conversion entrepris et suivis avec un succès croissant par des femmes qui sont ainsi, en fait et en droit, glorieusement émancipées; sur le développement de nos missions qui ne faisaient que commencer il y a trois mois; je ne suis en ce moment frappé que de l'aspect qui s'offre à ma vue.

» SAINT-SIMON, mon maître, notre père à tous, est venu, vous le savez, pour dévouer à l'amélioration de la classe la plus nombreuse et la plus pauvre tous les efforts de l'amour, de la science et de l'industrie; mais avant qu'il pût s'adresser directement à cette classe la plus nombreuse et la plus pauvre, mais aussi la moins avancée, il dut convertir d'abord des hommes de toutes les classes les plus développées en amour, en intelligence et en force. Réjouissons-nous en ce jour, cette grande œuvre intermédiaire est achevée, et par nous, SAINT-SIMON donne aujourd'hui la main à la classe la plus nombreuse, exploitée jusqu'à lui, désormais affranchie, et s'apprêtant à recevoir de nous la pacifique organisation que Dieu lui a réservée.

» Ce ne sont plus en effet comme il y a trois mois, quelques ouvriers isolés, avides d'un espoir nouveau, que notre voix a attirés près de nous; c'est la classe entière dont ils font partie, et dont ils étaient en quelque sorte les messagers, car cette classe est représentée dans cette enceinte, avec le caractère qui lui est propre, en face de toutes les autres. Enfants de SAINT-SIMON, les travailleurs déshérités sont ici en *majorité*, comme ils le sont ailleurs, et leur pauvreté désormais est là pour exciter sans cesse notre ardeur à réaliser la promesse de *l'héritage selon la capacité et le travail*, et non plus selon *la naissance et l'oisiveté*.

» MES PÈRES,

» Ils ont répondu à notre appel, ils ont ajouté foi à la promesse de SAINT-SIMON, ils viennent à nous, partager les joies et les labeurs de notre apostolat. CHEFS DE LA RELIGION, vous avez touché et réuni des hommes de toutes les classes; gloire à vous, vous avez fondé la SOCIÉTÉ UNIVERSELLE !

» Et ce n'est pas tout encore : Dieu, à chaque progrès accompli, fait éclore le germe d'un progrès plus grand encore. Écoutez, ENFANTS DE SAINT-SIMON :

» La société qui ne renferme que des travailleurs n'est pas encore la famille universelle; la génération qui s'élève pour le travail demande l'amour de la génération active; SAINT-SIMON veut aussi faire jouir l'enfance du bienfait de la révélation.

» Tremblants sur la destinée du précieux dépôt que Dieu, par la naissance, a d'abord placé sous la garde de leur mutuelle tendresse, les pères et les mères, admis déjà au sein de la communion nouvelle, attendaient avec anxiété que pour leurs enfants s'ouvrissent enfin les portes de l'avenir. Ce grand jour est venu ! Nos enfants, et par eux, toute la génération qui arrive à la vie, sans distinction de naissance, viennent d'être adoptés dans la société SAINT-SIMONIENNE, pour y recevoir l'éducation selon la vocation, le classement et la rétribution selon le mérite.

» Ainsi est fondée la FAMILLE UNIVERSELLE, et brisé à tout jamais le *privilége de la naissance;* A CHACUN SUIVANT SA CAPACITÉ, A CHACUN SUIVANT SES ŒUVRES.

» MES PÈRES,

» Votre amour a touché et réuni les hommes de toutes les classes, la femme a été par vous relevée de son état de subalternité, l'industrie affranchie de tous les liens par votre communion avec la classe la plus nombreuse et la plus pauvre. Gloire à vous, dignes héritiers de SAINT-SIMON ! L'œuvre du fondateur n'a pas cessé de grandir et de se développer par votre amour, votre intelligence et votre force. Enfants, gloire à vos pères ! MES PÈRES, mes frères, mes sœurs, mes fils et mes filles, gloire à SAINT-SIMON notre père commun ! et tous écrions-nous : GLOIRE A DIEU !

» Et l'assemblée répète : GLOIRE A DIEU ! »

(Extrait de l'ORGANISATEUR, *Gazette des Saint-Simoniens,* du 9 juillet 1831).

Au milieu des joies solennelles et des grandes espérances qu'il manifestait dans ces fêtes de famille, Enfantin gardait assez le calme suprême qui faisait sa force pour ne pas se laisser abuser sur la valeur de certaines démonstrations. Deux jours après la communion générale, et le lendemain d'une prédication de Barrault, qui avait produit une émotion indicible sur l'auditoire, il disait à Duveyrier, dans une lettre qu'il lui adressait à Tours, le 11 juillet :

« Hier, effet prodigieux de Barrault sur le public, applaudissements à tout rompre quand il a dit de jurer. Sanglots, larmes, embrassements, tout le monde en émoi ! Et qu'en sort-il souvent ? Jusqu'ici du vent. Toutefois, la séance des ouvriers, le soir, s'en ressentait ; on était plus animé ; vingt-cinq cartes de plus avaient été prises après la prédication. » — A l'éclat du style, Barrault avait joint l'entraînement de la parole, la puissance du geste et de la voix : « Jamais, sous ce rapport, ajoutait Enfantin, Barrault n'avait été aussi grand. »

A la simple lecture de la belle période qui termina le discours de Barrault, on devine, en effet, quelle commotion dut éprouver le public, surpris par la plus hardie et la plus péremptoire des interpellations. Après avoir esquissé à grands traits le tableau de sa vie, pour faire mieux ressortir sa vocation apostolique et bien caractériser l'autorité de sa parole, le prédicateur s'écria :

« ..... Ah ! je vous ai dit naïvement qui j'étais, qui je suis, qui je veux être... A mon tour je vous demanderai qui vous êtes? Hélas ! le savez-vous? Êtes-vous des chrétiens, aveugles adorateurs de la croix solitaire? Êtes-vous des philosophes dévots d'incrédulité? Êtes-vous des partisans obstinés de toutes les légitimités surannées? Êtes-vous des libéraux, révoltés à la seule pensée d'une hiérarchie, et rêvant les chimériques douceurs de l'individualisme? Êtes-vous enfin de ces hommes qui s'épouvantent de toute idée nouvelle, et ont sans cesse le frisson du progrès?... Non! si vous professiez sincèrement l'une de ces diverses opinions, ne serait-ce pas folie à vous de venir avec une religieuse attention nous écouter? Qui êtes-vous donc? Des gens qui ne croyez plus fermement à rien de ce que l'on croit encore aujourd'hui, et qui venez ici nous apporter votre scepticisme, vos dégoûts, votre ennui, votre indifférence, votre incertitude : gens malades qui vous traînez auprès de la piscine salutaire, et, comme le paralytique, n'avez pas même la force de vous y plonger. Hélas! qu'attendez-vous? Est-ce le révélateur nouveau? Déjà, déjà vous avez entendu sa voix; mais, et c'est là un des symptômes de votre maladie, vous dissertez, vous discutez, vous approfondissez tout, et jamais vous n'agissez. Quoi donc! pendant que votre raison pèse avec une orgueilleuse lenteur, scrute avec une minutieuse complaisance, les moindres détails de l'ordre social que nous apportons, n'entendez-vous pas les cris de douleur ou de rage, les gémissements, les soupirs étouffés et le râle de tant d'infortunés qui souffrent, se désolent, languissent, expirent? Écoutez, écoutez, enfin! Chez les Hébreux, lorsque sur le bord de la route était trouvé un cadavre, les habitants de la cité voisine, la main étendue sur le corps inanimé, juraient qu'ils n'avaient point trempé dans cet homicide. Eh bien! je vous adjure ici de m'entendre. A la vue de ce peuple entier que vous voyez dans la fange de vos rues et de vos places, sur de misérables grabats, au milieu de l'air fétide des caves et des greniers, dans des hôpitaux encombrés, dans des bagnes hideux, se mouvoir, pâle de faim et de privations, exténué par un rude travail, à moitié couvert de haillons, livré à des agitations convulsives, dégoûtant d'immoralité, meurtri de chaînes, vivant à peine, je vous adjure tous, enfants des classes privilégiées, levez-vous, et, la main appuyée sur ces plaies putrides et saignantes, enfants des classes privilégiées, qui vous engraissez de la sueur de cette classe misérable exploitée à votre profit, jurez que vous n'avez aucune part à ses souffrances, à ses douleurs, à son agonie. Jurez! Vous ne l'oseriez pas!... Ah! que faites-vous du moins pour guérir ses blessures et pour le rendre à la vie? que faites-vous?... Rien... rien encore que de nous écouter.

» Ah? il faut vous le dire, si nos paroles n'agissaient pas plus promptement sur la classe la plus nombreuse et la plus pauvre que sur vous, savez-vous bien que nous, qui pénétrons dans le secret de ces cœurs ulcérés, et recevons la confidence de leurs sentiments, savez-vous bien que nous frémirions pour vous? Voulez-vous donc ressembler à ces sceptiques de l'empire romain, dont la science prétendue chicanait l'Évangile, et se consumait dans de frivoles incertitudes, tandis que les barbares, accourant en armes aux frontières, soudain étaient saisis par l'enseignement de la parole divine? Oui, si les chrétiens n'avaient su dompter ces sauvages idolâtres, c'en était fait de tout l'empire! Et nous, si nous n'avions puissance de dompter, d'amollir, d'apprivoiser ces populations ignorantes et affamées, à quelle crise épouvantable la société ne serait-elle pas livrée ! Que le passé vous instruise et vous éclaire! Écoutez, écoutez notre voix, voix de paix et de réconciliation!

» Ah ! c'est à cette tâche auguste, sainte et vraiment divine, que désormais je me consacre tout entier; tout ce que Dieu m'a donné de force et de vie, je veux l'employer à adoucir tant de cœurs exaspérés, à réchauffer tant d'âmes froides et indifférentes, à rendre à tous un légitime espoir, à vous rallier dans un même amour et à vous conduire vers cet avenir dont vous avez tous besoin.

» Oui, je veux, marchant plus hardiment dans les voies de l'apostolat, vous faire rougir, si je puis, de votre endurcissement et de votre stérile pitié, attacher comme un remords à vos âmes languissantes le souvenir de mes paroles; m'armer comme d'un fouet de la parole religieuse nouvelle, vous obliger enfin à fuir notre temple, devenu pour vous insupportable comme la honte d'une perpétuelle accusation, vous en chasser; ou plutôt je veux, je veux vous exciter à venir, en mêlant vos larmes aux nôtres, vous jeter dans les bras de la famille saint-simonienne, afin de trouver au milieu de nous ce que vous chercheriez vainement ailleurs, la paix, l'amour, l'espérance et les premièr douceurs de l'association universelle. »

Durant ce même mois de juillet 1831, le *Globe* publia une série d'articles sur la presse périodique. C'était l'œuvre de Michel Chevalier, inspiré par Enfantin et Bazard, qui le fécondaient, disait-il, dans leurs conférences régulières de chaque jour. Ce travail remarquable, destiné à poser le journalisme comme constituant de nos jours une éminente fonction publique, se terminait par le programme de la feuille saint-simonienne et par l'indication nominative de ses rédacteurs, deux choses que nous croyons utile de reproduire.

INSTITUTION DU GLOBE.

PERSONNEL DES RÉDACTEURS.

« Nous aussi nous sommes un journal; mais nous sommes affranchis de toutes les entraves qui gênent les mouvements des autres feuilles. Nous sentons dans toute leur étendue les devoirs de la presse ; nous connaissons son passé, nous savons son avenir, et nous ne cesserons de le signaler aux autres jusqu'à ce qu'ils l'aient aperçu.

» Il n'y a plus chez nous de ces sentiments étroits qui empêchent quelques journaux de nommer ou de citer les autres. Loin de là, dès que l'un d'entre eux révèle une tendance progressive, nous

nous hâtons de l'en féliciter, de porter le fait à la connaissance de nos lecteurs.

» Il n'y a point chez nous de passions vénéneuses ni d'habitudes de dénigrement. Notre Maître nous a laissé une règle sûre pour apprécier ce qui est bien et ce qui est mal ; nous en usons avec impartialité envers les journaux et envers le pouvoir.

» Il n'y a point chez nous d'anarchie. Le journal est placé sous la direction de deux membres du Collége saint-simonien, desquels tout émane ou vers lesquels tout aboutit, politique, beaux-arts, industrie, science. L'un et l'autre sont en communication journalière avec leurs frères chargés des diverses branches du gouvernement de la doctrine. L'un et l'autre sont admis tous les jours à travailler avec les CHEFS SUPRÊMES, et ils reçoivent ainsi la commune inspiration qui domine, à un instant donné, tous les modes d'activité de tous les saint-simoniens.

» Ainsi le GLOBE participe et contribue harmoniquement, avec les prédications, les enseignements, les missions, les publications, l'apostolat individuel, au mouvement général de la religion saint-simonienne.

» Et dans ce mouvement général il a son mouvement propre ; il élabore les questions politiques qui s'agitent au dehors; il signale et saisit tous les indices d'avenir qui viennent à poindre, et relie ainsi les sentiments, les pensées et les actes de tous les saint-simoniens à l'activité du monde qui les entoure; riche en hommes qui, avant d'embrasser la foi nouvelle, avaient mené de front la culture de la science et celle de l'industrie, il étudie l'organisation industrielle et scientifique telle qu'elle a été jusqu'à ce jour, et dresse pas à pas le plan de cette organisation, telle qu'elle doit être dans la société active, toute studieuse, toute pacifique de l'avenir.

» Au surplus, comme nous demandons que la publicité s'étende à la personne des journalistes, nous devons nous-mêmes donner l'exemple, en nous offrant à l'action de cette publicité.

» Voici quels sont nos rédacteurs :

Les Chefs supérieurs de la religion saint-simonienne ont donné la direction du *Globe* à leurs deux fils :

Michel Chevalier, *membre du collége*, ancien élève de l'École polytechnique, ingénieur des mines;

Pierre Cazeaux, *membre du collége*, ancien élève de l'École polytechnique, ingénieur hydrographe.

» Les divers membres de la hiérarchie saint-simonienne qui coopèrent à la rédaction sont :

» Les prédicateurs,

E. Barrault, *membre du collége ;*

P. M. Laurent, *membre du collège ;*

A. Transon, *membre du collége,* ancien élève de l'École polytechnique, ingénieur des mines;

E. Charton, *du second degré ;*

Baud, *du second degré;*

» Et les personnes dont les noms suivent :

Claire Bazard, *membre du collège,* directrice du degré des ouvriers;

Cécile Fournel, *membre du collège,* directrice de l'enseignement des femmes;

H. Fournel, *membre du collége,* ancien élève de l'École polytechnique, ex-directeur des mines et fonderie du Creuzot, ingénieur des mines, directeur du degré des ouvriers;

G. d'Eichthal, *membre du collège ;*

C. Duveyrier, *membre du collège ;*

H. Carnot, *membre du collège,* l'un des directeurs des enseignements;

Hoart, *membre du collége,* ancien élève de l'École polytechnique, capitaine d'artillerie ;

P. Leroux, *du second degré,* l'un des fondateurs du *Globe* en 1824, signataire de la protestation du 26 juillet ;

J. Reynaud, *du second degré,* ancien élève de l'École polytechnique, ingénieur des mines ;

A. Saint-Chéron, *du second degré;*

Lambert, *du second degré,* ancien élève de l'École polytechnique, ingénieur des mines;

É. Pereire, *membre du second degré;*

I. Pereire, *membre du second degré;*

Fuster, *du second degré,* agrégé à la Faculté de médecine de Montpellier;

Robinet, *du second degré*, ancien notaire, juge suppléant au tribunal de Meaux;

Prati, *du troisième degré*, réfugié italien, docteur de plusieurs universités allemandes et italiennes, ex-avocat à la cour de Brescia;

Buchey, *du troisième degré;*

Bonnet, *du troisième degré*, ancien élève de l'École polytechnique, ingénieur des ponts et chaussées.

» Nous ouvrons encore nos colonnes à quelques personnes qui nous adressent des travaux dans la direction de la doctrine et qui les signent. M. Decourdemanche, avocat à la cour royale, est particulièrement dans ce cas :

» Voilà qui nous sommes.

» Il n'y a parmi nous aucune de ces célébrités littéraires compromises par leurs antécédents, enlacées dans des liens de coteries. Nous sommes tous des hommes nouveaux, il y a quelques mois voués à d'importants travaux de l'industrie et de la science, ou exerçant des fonctions publiques; et aujourd'hui consacrant tous nos efforts, toutes nos facultés, toutes nos ressources de toute nature, à la propagation de la foi que Saint-Simon nous a laissée. Tous, sortant de cette classe d'hommes qu'on appelle, et qui en dehors de nous s'appellent eux-mêmes avec complaisance, *hommes positifs*, nous sommes venus nous appliquer à répandre ces doctrines que des esprits légers taxent de *rêveries*, où nous avons trouvé tous satisfaction à nos vives sympathies d'ordre et d'affranchissement, et dans lesquelles nous sommes sûrs que, par nos efforts joints à ceux de toute la famille saint-simonienne, la société reconnaîtra bientôt que réside son avenir. »

FIN DU TROISIÈME VOLUME

Imp. L. Toinon et Cie, à Saint-Germain.

Imp. L. Toinon et Cie, à Saint-Germain.

www.ingramcontent.com/pod-product-compliance
Ingram Content Group UK Ltd.
Pitfield, Milton Keynes, MK11 3LW, UK
UKHW012024240726
13965UKWH00002B/559